{ 브루잉 레시피 도감 }

Brewing

{ 브루잉 레시피 도감 }

쉽게 따라 하는 핸드드립 커피 실용서

Recipe

김승백 지음

Pictorial Book

아이비라인
Publishing Co.

{ CONTENTS }

프롤로그   010

{ 1 } 브루잉 커피는 무엇인가?   028

에스프레소와 브루잉 커피의 차이점   032
브루잉에 필요한 도구들   034

{ 2 } '내'가 추구하는 커피는 무엇인가?   042

브루잉 커피를 즐기는 방법   044
자신을 존중하자   048
내 취향의 브루잉 커피 찾기   049
단맛을 중심으로 밸런스가 좋은 커피   051

{ 3 } 추출의 3도 그리고 시간과 비율   052

- 브루잉 추출의 핵심   055
- 로스팅 정도: 변수 조절의 핵심   055
- 분쇄도: 향미 조절의 핵심   057
- 물 온도: 추출력 조절의 핵심   059
- 시간: 맛의 깊이   060
- 비율: 농도 조절   061

{ 4 } 표준 브루잉 레시피 설계   064

- 로스팅 정도의 이해는 브루잉 레시피 설계의 밑그림   066
- 라이트 로스팅의 표준 브루잉 레시피   067
- 다크 로스팅의 표준 브루잉 레시피   074
- 미디엄 로스팅의 표준 브루잉 레시피   081

{ 5 } 물줄기 조절, 나만의 브루잉 레시피를 완성하는 비법   086

- 커피의 추출력과 질감을 조절하는 물줄기   089
- 나만의 물줄기를 찾는 방법   092

{ 6 } 드리퍼에 대한 이해 094

드리퍼에 따른 레시피 설계는 구조에 대한 이해에서 시작한다 096
드리퍼에 따라 정말 맛이 다를까? 098
투과식 & 침지식 드리퍼 103

{ 7 } 투과식 드리퍼의 물 붓기 공식과 레시피 108

라이트 로스팅의 물 붓기 공식 113
라이트 로스팅 드리퍼별 레시피 122
: 하리오 V60 / 오리가미 / 오레아 V3 / 에이프릴 / 타라치네 코니컬 30
& 카펙 딥 27

미디엄 로스팅의 물 붓기 공식 171
미디엄 로스팅 드리퍼별 레시피 177
: 고노 / 칼리타 웨이브

다크 로스팅의 물 붓기 공식 192
다크 로스팅 드리퍼별 레시피 198
: 케멕스 / 디셈버 바텀리스

{ 8 } 침지식 드리퍼의 레시피   216

침지식 드리퍼별 레시피   219
: 클레버 / 프렌치 프레스

선택적 투과식 · 침지식 드리퍼별 레시피   234
: 에어로프레스 / 하리오 V60 스위치

{ 9 } 나만의 브루잉 레시피 설계   256

에필로그   260

PROLOGUE

새로운 시대다. 인터넷과 미디어가 발달한 지금 우리는 언제 어디서라도 커피 브루잉 레시피에 대한 정보를 얻을 수 있다. 손 안에서 유명 바리스타들의 브루잉 방법을 쉽고 편리하게 접할 수 있는 시대가 된 것이다. 덕분에 그 어느 때보다 브루잉에 대한 사람들의 관심은 가히 폭발적이다. 이런 관심을 반영하듯 더 많은 정보와 새로운 도구들이 쏟아져 나오고 있다. 단점은 여기에 있다. 거대한 정보의 파도 속에서 자신에게 맞는 바른 방향을 잡기 어렵다는 것이다.

『브루잉 레시피 도감』은 바른 방향을 제안하기 위한 책이다. 따라 하기만 하면 맛있는 커피가 완성되는 레시피만이 아니라 커피 브루잉을 위해 반드시 학습해야 하는 내용들을 함께 담았다. 그리고 이를 바탕으로 독자가 스스로 원하는 커피를 찾고 내릴 수 있는 방법을 제안한다.

나에게 맞는 방향이란 뭘까? 스스로 원하는 커피일 것이다. 커피는 철저히 개인의 취향에 좌우되는 기호식품이기 때문이다. 이렇게 방향을 갖고 학습하면 레시피를 접할 때 설계자의 의도를 파악할 수 있게 된다. 무엇을 위한 커피인지 그리고 각 추출 과정과 변수 설정의 이유를 생각할 수 있게 된다. 그리고 이 모든 것들은 더 완성도 높은 커피를 내릴 수 있는 자양분이 될 것이다. 바른 방향을 잡고 커피 레시피를 설계할 수 있는 힘이 이 책을 통해 길러질 수 있길 바란다.

자신의 취향과 다른 커피를 만드는 레시피라도 분명한 의도를 갖고 잘 설계된 것이라면 학습에 도움이 된다. 이 책에서 안내하는 14가지 드리퍼의 레시피에는 필자의 브루잉 커피 추출 철학을 담았다. 그만큼 레시피는 모두 분명한 의도를 갖고 설계되었다. 드리퍼는 과거에 개발되어 대중적으로 활용되고 있는 것들과 최근에 개발되어 주목받고 있는 것들 중 일상에서 유용하게 사용할 만한 것들로 선정했다. 책에서 다루지 않은 드리퍼라도 학습하는 내용을 통해 얼마든지 응용해서 사용할 수 있게 될 것이다. 모든 드리퍼의 레시피는 HOT뿐만 아니라 ICE 레시피까지 함께 소개하며 독자가 바로 브루잉을 해볼 수 있도록 적절한 분쇄 범위도 제안한다.

필자가 다양한 곳에서 커피를 교육하며 느낀 점은 많은 사람이 브루잉 커피에 막연한 두려움을 갖고 있다는 것이다. 두려움의 원인을 들여다보면 일상에서 사용하기 좋은 실용적인 레시피의 부재 때문인 것 같다. 갈피를 잡지 못해 생기는 막연함이 두려움으로 드러나게 되는 것이다. 그 두려움이 이 책을 통해 자신 있는 한잔을 내릴 수 있는 용기로 바뀌었으면 좋겠다.

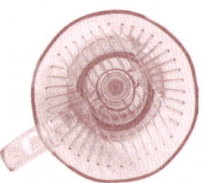

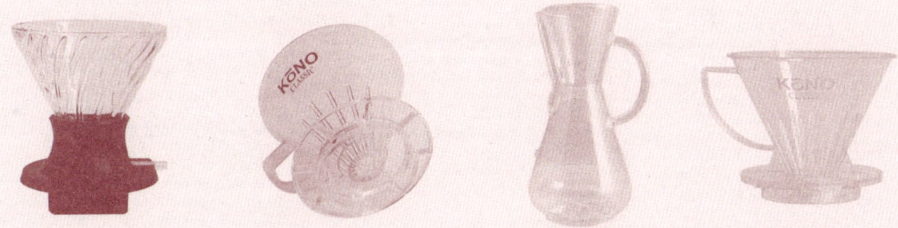

브루잉 커피는 무엇인가?

{ 1 }

브루잉 커피는 흔히 말하는 핸드드립 커피의 요즘 말이다. 브루잉brewing이라는 영단어는 추출이라는 뜻 그대로 사용되기도 한다. 사람들이 핸드드립 커피를 브루잉 커피라고 부르기 시작한 시점을 정확히 짚기는 어렵지만, 아마도 커피 제조 과정에 레시피가 사용되는 것이 일반화된 시점으로 추정한다.

과거에 커피 추출은 주로 감에 의존했다. '커피의 양과 추출량은 이 정도', '시간은 이 정도'라는 식으로 말이다. 그렇게 추출해서 맛을 보며 각자의 감을 바탕으로 커피를 만들었다. 커피 교육 역시 이 감을 전수하는 방식이었다. 선생님이 전해주는 감을 정확히 파악할 수 있다면 좋겠지만 이것을 깨닫기란 생각보다 쉽지 않다. 그래서 이 시절의 커피는 아주 숙련된 바리스타가 내리는 게 아닌 이상 맛이 매일 달랐다. 감, 즉 느낌은 환경과 상황, 개인의 컨디션에 따라 다르기 때문이다.

커피 추출에 레시피가 도입되면서 상황은 달라졌다. 커피의 양과 추출량은 몇 그램, 시간은 몇 분 몇 초 등 일정한 규칙이 정해지면서, 환경과 상황, 개인의 컨디션이 다를지라도 커피 맛이 크게 달라지지 않았다. 정해진 레시피로 커피를 만드는 바리스타는 추출의 일관성을 가질 수 있게 되었고, 커피숍을 찾는 손님들은 일관된 맛을 경험할 수 있게 되었다. 이런 장점으로 점차 레시피가 보편화됨에 따라, 레시피를 활용해서 만드는 요즘의 커피들은 과거의 핸드드립 커피와 구별된 브루잉 커피로 불리게 되었다.

이 책은 레시피를 통해 브루잉 커피를 내리는 방법을 전달한다. 필자는 독자들이 이 책의 안내를 따라 누구나 손쉽게 맛있는 커피를 즐길 수 있게 되기를 바란다. 그래서 책의 제목을 브루잉 레시피 도감으로 정했다. 이 책의 목적은 도감(圖鑑)의 정의(그림, 사진 등으로 설명한 책) 그대로 그림과 사진을 통해 쉽게 브루잉 레시피를 전달하는 데 있다.

저울 없이 감각을 이용해 내리는 정통 핸드드립 방식

정확한 계량을 중시하는 현대적 브루잉 방식

에스프레소와 브루잉 커피의 차이점

브루잉 레시피에 대한 내용을 알아보기에 앞서 사람들에게 많이 알려진 에스프레소와 브루잉 커피의 차이점을 살펴보자. 이 차이점을 알면 브루잉 커피가 무엇인지 더 깊이 이해할 수 있을 것이다.

두 커피의 가장 큰 차이점은 추출할 때 작용하는 '압력'의 크기다. 에스프레소 커피는 약 9bar의 높은 압력으로 추출되고, 브루잉 커피는 상압*으로 추출된다. 여기서 말하는 압력은 물의 압력, 즉 수압이다.

* 특별히 압력을 줄이거나 높이지 않을 때의 압력. 보통 대기압과 같은 1기압 정도의 압력을 이른다.

추출 방식	압력
에스프레소	약 9bar
브루잉	상압

커피 추출 방식에 따른 압력 크기의 차이

에스프레소는 높은 압력으로 추출되기 때문에 전용 커피 머신이 필요하다. 그리고 커피 머신 설치에 적합한 규격을 갖춘 특정한 공간도 필요하다. 바람직한 에스프레소 추출을 위해서 분쇄 입자는 밀가루 정도로 매우 고와야 하며 추출 시간은 25~30초 정도가 좋다. 로스팅 정도 또는 추구하는 커피에 따라 추출 시간은 더 짧을 수도, 길 수도 있다.

분쇄 크기가 고와야 하는 이유는 에스프레소를 추출할 때 작용하는 높은 압력에 저항하기 위해서다. 추출 중 커피층에는 높은 압력이 가해지는데, 입자가 굵으면 저항이 걸리지 않아 물이 커피층을 빠르게 훑고 지나가버린다. 물이 훑고 지나간 에스프레소에는 특유의 향미가 담길 수 없다. 입자가 가늘어야 커피층이 물의 압력에 저항하며 그 결과 물이 커피 입자 사이를 고르게 통과하면서 에스프레소의 특징에 맞는 커피 성분을 추출해낸다.

이렇게 높은 압력으로 추출된 에스프레소에는 커피의 오일 성분이 함께 추출되고 크레마를 지닌다. 양은 적지만 농도는 진한데 그렇다고 해서 얼굴이 찌푸려지는 강하고 불편한 맛을 생각하면 안 된다. 잘 추출된 에스프레소는 밸런스가 뛰어나다.

반면 브루잉 커피는 상압에서 추출되기 때문에 몇 가지 도구만 갖추면 된다. 바람직한 브루잉 추출을 하려면 분쇄 입자는 소금 정도 크기로 에스프레소용보다 굵어야 하며 적절한 추출 시간은 2~3분 정도다. 마찬가지로 로스팅 정도와 추구하는 커피에 따라 추출 시간은 더 길거나 짧아질 수 있다. 적절히 굵게 분쇄해야 하는 이유는 상압에서 드리퍼에 부어진 물이 전체 커피 입자 사이를 고르게 통과해야 하기 때문이다. 분쇄가 너무 고우면 물이 입자 사이를 고르게 통과하지 못해 균형 있는 커피의 향미가 담길 수 없다.

이렇게 상압에서 추출되는 브루잉 커피는 필터를 거치므로 커피 오일 성분이 적고 향미가 깔끔하다. 추출된 커피의 양은 많은 편이고 농도는 마시기에 적당하다. 일반적으로 브루잉 커피는 에스프레소보다 낮은 농도의 부드러운 향미가 특징이지만, 사용하는 도구와 레시피에 따라 짙은 농도와 강렬한 향미를 표현하는 것도 가능하다.

이런 차이로 브루잉 커피는 일상에서 접근하기 좋다. 커피와 몇 가지 도구만 있다면 언제든지 직접 내려서 마실 수 있기 때문이다. 다음 장에서는 브루잉 학습에 필요한 도구들을 알아보자.

크레마가 특징인 에스프레소   깔끔하고 부드러운 브루잉 커피

브루잉에 필요한 도구들

레시피를 통해 브루잉을 학습하기 위해서는 몇 가지 도구가 필요하다. 이 책을 온전히 활용하는 데 꼭 필요한 도구를 중심으로 하나씩 알아보자.

각각의 도구를 선택할 때 가장 중요한 것은 자신의 취향이다. 타인의 말을 도구 선택 기준으로 삼기 보다는 스스로의 취향을 잘 파악하고 존중해서 선택하길 바란다.

> **브루잉에 필요한 도구들**
> 드리퍼, 필터, 서버, 그라인더, 주전자, 온도계, 타이머, 저울

{ 드리퍼 }

브루잉 커피 추출에 반드시 필요한 도구다. 커피 추출을 위해서는 분쇄 커피를 '필터'라고 불리는 여과지에 담고 드리퍼에 올린다. 이 드리퍼의 구조와 재질, 크기에 따라 커피 맛이 달라진다. 드리퍼는 종류가 매우 많아 처음에는 이름과 모양 등이 헷갈리기 마련이지만, 대표적인 두 가지 추출 방식에 따른 특징으로 분류하면 한결 이해가 쉬워진다.

최근에는 투과식과 침지식을 선택적으로 사용할 수 있는 드리퍼도 출시됐다. 드리퍼에 대한 자세한 설명은 이 책의 [드리퍼에 대한 이해] 부분에서 하도록 하겠다.

분쇄 커피에 물이 흐르면서 추출되는 투과식 드리퍼
하리오 V60, 칼리타 웨이브, 케맥스 등

분쇄 커피가 물에 잠겨 추출되는 침지식 드리퍼
클레버, 프렌치 프레스 등

{ 필터 }

드리퍼 안에 분쇄 커피를 담기 위해 사용하는 여과지로 보통은 종이로 만들지만, 메탈과 융으로 제작된 것도 있다. 필터의 소재에 따라서도 커피 맛이 다르게 표현되곤 한다. 종이 필터는 물에 녹지 않는 불용성 성분이 잘 걸러져 맛이 깔끔하다. 메탈 필터는 촘촘한 정도가 종이와 달라 불용성 성분이 일부 추출되는데, 이로 인해 커피의 향미가 더 풍부하게 느껴지기도 한다. 융 필터는 천의 일종으로 플란넬flannel이라 불리기도 한다. 수용성 성분과 불용성 성분이 적절히 추출되어 깔끔하고 풍부한 향미를 느낄 수 있다.

최근에는 종이 필터의 투수성*을 극대화한 필터들도 개발되고 있다. 초심자에게는 사용이 편리하고 구하기 쉬운 종이 필터 사용을 권장한다. 단, 커피를 오래 즐기다 보면 저마다 취향이 생기므로 그때는 자신이 선호하는 향미가 잘 표현되는 필터를 선택하는 것이 좋다.

● 물이 흘러 나가게 하는 성질.

왼쪽부터 차례로 종이 필터, 메탈 필터, 융 필터

{ 서버 }

추출된 커피를 담는 용기로 보통은 유리 재질이지만 보온성을 위해 스테인리스로 만들어진 제품도 있다. 커피의 아로마는 추출 직후 바로 즐기는 것이 좋아 향을 잘 맡을 수 있도록 디자인된 서버도 있고, 향을 풍성하게 맡을 수 있도록 서버 하단의 모양을 변형한 제품도 있다.

왼쪽부터 차례로 유리 서버, 보온용 서버, 아로마 서버

{ 그라인더 }

홀빈으로 불리는 원두 상태의 커피를 분쇄해 추출이 가능한 작은 입자로 만드는 도구다. 분쇄가 잘 되면 브루잉 실력이 뛰어나지 않더라도 수준급의 커피를 만들 수 있다. 그만큼 그라인더의 품질은 매우 중요하다. 일정한 분쇄 굵기는 균일한 추출과 맛으로 이어지기 때문에 일관적인 분쇄가 가능한 그라인더가 좋다.

그라인더의 종류는 손으로 분쇄하는 핸드밀과 전기를 이용하는 전동 그라인더로 나뉜다.

핸드밀, 전동 그라인더

핸드밀은 전기 없이도 분쇄가 가능하고 휴대가 간편하다. 손으로 직접 분쇄하는 과정에서 원두가 갈리는 소리와 질감을 느끼며 특유의 감성을 즐길 수 있다. 다만 그만큼 힘이 많이 들어간다. 특히 가늘게 분쇄하는 경우 더욱 그렇다. 최근에는 분쇄 날(버burr)과 고정 축이 더욱 정교한 고성능 핸드밀들이 출시되면서 입자가 고운 분쇄도 이전보다 수월해지고 있고, 분쇄를 더욱 수월하게 할 수 있도록 핸드밀의 손잡이를 자동으로 돌려주는 휴대용 전동 키트도 나왔다. 핸드밀 특유의 분쇄 입자를 가져가는 동시에 많은 힘을 들이지 않아도 돼 전동 그라인더 사용자들에게도 각광 받는 조합이다. 원두를 직접 분쇄하는 감성을 즐기고 싶다면 핸드밀을 추천한다.

전동 그라인더는 버튼만 누르면 자동으로 커피가 분쇄되어 사용이 편리하다. 그 대신 반드시 전기가 필요해 사용이 제한적이다. 또한 일반적으로 분쇄 커피 일부가 그라인더 내부에 남아있게 되어 필요한 양보다 더 많은 원두를 투입해야 한다. 전동 그라인더는 쉽고 편리하게 커피를 분쇄하고 싶은 이들에게 추천한다.

핸드밀로 커피를 분쇄하는 모습

전동 그라인더를 이용해 분쇄 중인 모습

그라인더의 날은 크게 원뿔 형태의 '코니컬 버conical burr'와 평평한 형태의 '플랫 버flat burr' 두 가지로 구분된다. 보통의 가정용 그라인더는 코니컬 버를 주로 사용하며 상업용에는 플랫 버가 많다. 코니컬 버는 날의 구조와 모양 때문에 입자가 비교적 다양하게 분쇄된다. 그렇다고 해서 입자 크기가 천차만별인 것은 아니고, 제조사가 정한 일정한 범위 안에서 다양한 모양으로 분쇄되는 것이다. 플랫 버는 비교적 입자가 일정하다. 다양한 입자로 분쇄되는 코니컬 버를 이용하면 복합적이고 풍부한 맛을 지닌 커피를 만들 수 있고, 일정한 입자로 분쇄되는 플랫 버를 이용하면 명확하고 깔끔한 맛의 커피가 완성된다. 대부분의 핸드밀과 가정용은 코니컬 버로 제작된다는 점을 참고하여 구매하자.

{ 드립포트 }

요즘에는 브루잉 전용으로 개발된 전기 드립포트가 다양하게 존재한다. 최근 출시된 제품들은 사용자가 설정한 온도에 맞춰 물을 끓이고, 설정 온도에 도달하고 나면 이를 유지해주는 보온 기능이 있어 편리하다. 이런 기능을 갖춘 제품을 사용하면 오랜 시간 동안 혹은 여러 잔을 추출해야 할 때도 일관된 온도로 커피를 내릴 수 있다. 온도가 일정하면 목표로 한 향미를 추출하기가 용이하며 몇 잔을 내려도 일관된 추출이 가능하다. 추가로 타이머 기능까지 탑재되어 있으면 더욱 유용하다. 드립포트를 새로 구매할 계획이라면 원하는 기능을 갖춘 제품으로 택하자.
꼭 브루잉용 전기 드립포트를 사용하지 않아도 된다. 주전자 등으로 물을 끓인 뒤 드립포트로 옮겨 사용하는 방법도 있다. 단, 이 경우 물 온도를 직관적으로 조절하긴 어려우므로 온도계 사용을 권장한다. 팔팔 끓인 물을 드립포트로 옮긴 뒤 온도계를 꽂아두고 원하는 온도로 떨어졌을 때 사용하면 된다. 조금 번거롭게 느껴질 수 있지만 그 나름의 감성이 있다. 또한 일반 드립포트는 디자인이 다양해 취향에 맞게 선택할 수 있다는 장점이 있다.
드립포트의 수구 모양에 따라 물이 나오는 형태가 달라지면서 커피 맛이 영향을 받기도 한다. 수구 모양은 끝이 굵은 것과 얇은 것, 꺾여 있는 것과 직선으로 뻗어 있는 것 등 제조사에 따라 다르다. 각 제조사가 생각하는 커피 추출의 방향과 편리성이 다르기 때문이다. 브루잉 초심자라면 우선 사람들이 많이 사용하는 제품을 선택해보자. 많은 사람이 선택하는 데에는 다 그만한 이유가 있다. 물줄기 조절이 쉬운 디자인 등 대개 초심자가 구매하고 싶도록 설계되어 있다.

필자는 초심자에게 온도 설정 및 유지가 용이한 브루잉 전용 전기 드립포트를 추천한다. 그게 이 책의 내용 및 레시피 학습에 도움이 되기 때문이다. 요즘 출시되는 전기 드립포트들은 디자인과 색상이 다양하니 계속 사용하고 싶은 마음이 드는 제품으로 선택하길 바란다.

전기를 사용하는 드립포트

전기를 사용하지 않는 드립포트

{ 온도계, 타이머, 저울 }

레시피 기반 추출의 시대에서 온도계와 타이머 그리고 저울의 중요성은 점점 커지고 있다. 레시피를 활용할 땐 반드시 '계측'이 필요하기 때문이다. 정확한 계측은 추구하는 커피를 보다 구체적으로 실현할 수 있게 하며 재현성을 높인다. 즉, 정확한 계측은 몇 잔을 내려도 일관적인 품질의 커피를 만들 수 있게 한다.

각 레시피에 따라 맛이 어떻게 표현되는지를 파악하려면 물 온도와 양, 시간을 정확하게 지켜야 한다. 요즘에는 브루잉 전용 저울 또한 타이머 기능을 갖추고 있다. 물 붓는 양과 시간을 한눈에 확인할 수 있어 레시피 적용이 수월하므로 필자는 초심자에게 이러한 저울을 권장한다. 브루잉 전용 저울이라고 검색하면 다양한 제품이 나오니 적당한 것으로 선택하자.

왼쪽부터 온도계, 타이머 기능이 없는 저울, 타이머 기능을 탑재한 브루잉 전용 저울

'내'가 추구하는 커피는 무엇인가?

내 취향을 파악하고 맛의 기준 잡기

{ 2 }

¶ 브루잉 커피를 즐기는 방법

브루잉 커피를 더욱 잘 즐기기 위해서는 커피 향미를 지칭하는 어휘를 알아두는 것이 좋다. 물론 어휘를 모른다고 브루잉 커피를 즐기지 못하는 것은 아니지만, 커피를 마시며 오감으로 느껴지는 것들을 적절한 어휘로 표현하면, 커피 향미를 더 깊이 이해할 수 있다. 또한 적절한 커피 어휘는 다른 사람들과 커피에 관해 대화를 나눌 때도 유용하게 사용된다. 커피에 관심이 있다면 들어봤을 법한 아로마, 플레이버, 애프터테이스트, 액시디티, 스윗니스, 바디와 마우스필 그리고 밸런스에 대해 알아보자.

{ 아로마 Aroma }

추출된 커피의 향을 말한다. 분쇄 후 향을 '프래그런스Fragrance'로 따로 분류하기도 하지만, 일상에서는 엄격히 구분하지 않는 편이다. '커피는 향'이라는 유명한 광고 문구가 있을 정도로 커피에 있어서 향은 굉장히 중요하다. 생산국과 농장, 품종, 로스팅 정도 그리고 추출 등에 따라 다양하게 느껴지는 향을 느끼는 것은 커피를 즐기는 첫 걸음이다.

{ 플레이버 Flavor }

입에서 느껴지는 커피의 향과 맛, 줄여서 '향미'라고 한다. 입안에 커피가 들어왔을 때 후각으로 느껴지는 향과 미각으로 느껴지는 맛을 함께 지칭하는 단어다. 사람은 커피 맛의 속성을 맛뿐만 아니라 향과 함께 인지한다. 감기에 걸렸을 때 맛을 잘 볼 수 없는 것은 이 때문이다. 커피 맛도 마찬가지다. 입안에 들어온 커피에서 어떤 향과 맛이 느껴지는지 찾아보자.

{ 애프터테이스트 Aftertaste }

커피를 마시고 난 뒤 입안에서 느껴지는 맛이다. 그 맛이 긍정적인지 부정적인지, 얼마나 길게 혹은 얼마나 짧게 이어지는지 느껴보자.

{ 액시디티 Acidity }

커피의 산미를 말한다. 산미를 신맛이라고 생각할 수 있겠지만, 커피의 향미에서 이는 분명히 구분되어야 한다. '산미'는 단맛이 함께 느껴지는 개념이고, '신맛'은 단맛이 함께 느껴지지 않는 개념이다. 품질이 뛰어난 커피는 대개 산미가 좋다. 하지만 산미의 톤이 높다고 꼭 좋은 것은 아니다. 반대로 산미의 톤이 낮은 것이 꼭 나쁜 것도 아니다. 좋은 산미는 커피에 생동감과 신선함을 불어넣으며 마치 과일 같은 느낌을 준다.

{ 스윗니스 Sweetness }

커피의 단맛을 말한다. 보통 라이트 로스팅 커피에서의 단맛은 앞서 설명한 산미가 함께 느껴지고, 미디엄은 견과류와 같은 고소함이, 다크 로스팅은 곡물과 같은 구수함이 함께 느껴진다.

{ 바디 Body & 마우스필 Mouthfeel }

입안에서 느껴지는 커피의 무게감과 촉감이다. 커피를 맛봤을 때 성분이 많이 느껴지면 '바디가 무겁다'라고 표현하고, 커피 성분이 적게 느껴지면 '바디가 가볍다'라고 표현한다. 바디가 무거우면서 마우스필이 부드럽거나 거칠 수도 있고, 바디가 가벼워도 마우스필이 부드럽거나 거칠 수도 있다. 어느 쪽이든 입안에서 긍정적인 느낌으로 전해진다면 좋은 바디와 좋은 마우스필이라고 할 수 있다.

커피 어휘에서 바디와 마우스필을 혼동하는 경우가 많은데 한국인에게 어색한 표현이라 그렇다. 물과 우유를 예로 들어 설명하면 이해가 쉽다. 물과 우유 중 성분이 많이 들어 있는 것은 우유다. 물과 우유를 비교해서 마셔보면 우유가 훨씬 더 무겁게 느껴질 것이다. 물보다 많은 성분이 들어 있어 그렇게 느껴지는 것이다. 하지만 물과 우유는 둘 다 부드럽다. 이런 경우 물은 바디가 가볍고 마우스필이 부드럽다고 표현할 수 있고, 우유는 바디가 무겁고 마우스필이 부드럽다고 표현할 수 있다. 일반적으로 긍정적인 경험은 부드러운 것에서 느낀다. 마시는 커피의 무게감과 부드러움이 조화로우면 대개 바디와 마우스필이 좋게 느껴진다. 일상에서는 바디와 마우스필을 구분하기 보다는 두 개념을 뭉뚱그려 '바디가 좋다', '마우스필이 좋다' 또는 '촉감이 좋다', '질감이 좋다' 등으로 표현한다. 어떻게 표현해야 한다고 정해진 것은 없으나 바디와 마우스필, 질감, 촉감 등의 개념을 명확하게 알고 있어야 한다.

물은 바디가 부드럽고 마우스필이 부드러우며, 우유는 바디가 무겁고 마우스필이 부드럽다.

{ 밸런스 Balance }

지금까지 설명한 아로마와 플레이버, 애프터테이스트, 액시디티, 스윗니스, 바디와 마우스필 등 각각의 향미 속성들이 얼마나 상호보완적이고 조화롭게 인지되는지를 말한다. 한 가지 요소만 지나치게 부각되는 커피는 밸런스가 좋다고 말하기 어렵다. 예를 들어 향은 너무 좋은데 맛은 부족한 경우와 향과 맛은 좋은데 바디가 좋지 않은 경우 등이 그렇다.

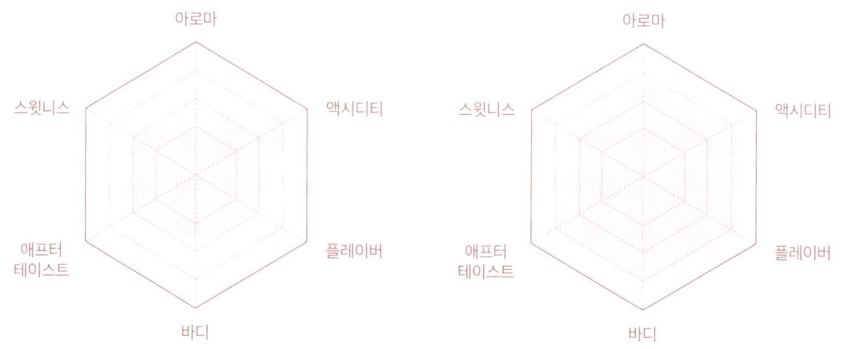

일부 항목에 치우친 왼쪽 커피는 밸런스가 좋지 않고,
모든 항목이 비교적 고른 수치를 나타내는 오른쪽 커피는 밸런스가 좋다고 볼 수 있다.

{ 자신을 존중하자 }

지금까지 설명한 커피 어휘들을 이해하면 향미 표현력이 좋아지기 때문에 브루잉 커피를 더 깊이 즐길 수 있다. 각 향미의 요소에 맞는 적절한 표현으로 커피 향미를 말하며 쓸 수 있고 대화도 자유로워진다. 이는 누구나 한 번쯤 있을 법한 어린 시절의 경험과도 같다. 단어를 배우고 난 뒤 적절한 상황에 맞는 자신의 생각을 더욱 잘 표현할 수 있게 되는 것처럼 말이다. 이런 커피 어휘들을 활용해서 커피를 마시고 느껴지는 향미들을 솔직히 표현하면 커피를 보는 안목도 좋아진다.

커피 어휘들의 개념을 명확하게 이해하면 내가 추출하고 싶은 커피도 구체적으로 정할 수 있다. 여기서 필자가 강조하고 싶은 것은 사용하는 원두와 관계 없이 내가 원하는 커피의 방향이다. 추구하는 커피가 어떤 맛인지 구체적으로 생각할 수 있다면 취향에 잘 부합하는 브루잉 커피를 내릴 수 있을 것이다.

이런 의미에서 필자는 독자들이 자신의 취향과 미각을 존중하길 진심으로 바란다. 커피 향미의 선호도는 철저히 주관에 달려있으므로 내가 아닌 타인에게 맛의 옳고 그름을 맡길 필요는 없다. 초심자가 특히 주변의 의견에 가장 많이 흔들리는 부분이 바로 향미 표현이다. 향미를 인지하는 능력과 경험을 늘리기 위해 타인의 의견을 경청하고 존중하는 것은 좋은 자세지만, 자신에 대한 존중이 없으면 많은 상황에서 타인의 의견에 휘둘리고 만다. 그 사람이 경험 많은 경력자라면 더더욱 그렇다. 경력과 경험을 존중하는 것과 맹신하는 것은 다르다. 커피를 느끼는 오감의 감각은 오롯이 자신의 것이지 타인의 것이 아니다. 스스로 느낀 것을 잘 표현하지 못해 서툴 수도 있지만 그렇다고 틀린 것은 아니다. 가장 중요한 것은 '내'가 느끼고 인지한 맛이다.

자신의 취향과 미각을 존중하자. 그래야 브루잉 커피를 더 잘 즐길 수 있다. 남들과 다른 독특한 미각을 갖고 있다고 해도 이상하게 생각하지 말자. 이 글을 읽고 있는 독자는 세상에 한 명 뿐인, 유일무이한 소중한 존재다.

{ 내 취향의 브루잉 커피 찾기 }

'스스로 추출하고 싶은 커피를 안다는 것'은 어찌 보면 자신을 잘 아는 것이다. 자신을 잘 아는 사람은 그러지 않은 사람보다 행복할 수 있다. 적어도 자신이 좋아하는 커피를 마실 수 있고, 커피를 선택할 때 다른 사람의 의견에 휘둘리지 않기 때문이다. 그래서 필자는 독자들이 스스로 좋아하는 커피를 알고 그 커피를 바탕으로 분명한 맛의 기준을 갖기를 바란다. 좋아하는 커피를 바탕으로 맛의 기준을 잘 세워둔다면 변수가 가득한 커피 추출도 한결 쉬워진다.

'맛의 기준'을 갖는다는 것은 마치 여행을 떠나며 목적지를 정하는 것과 같다. 원하는 목적지가 분명하고 구체적일수록 그곳을 가는 길도 분명해진다. 맛의 기준을 갖는 것은 자신이 좋아하는 커피, 추출하고 싶은 커피를 분명히 정하는 것이다. 기준이 분명할수록 커피 추출을 위한 변수 조정은 단순하고 명쾌해진다.

"내가 생각하는 맛의 기준은 무엇인가?"

지금 당장 답하지는 않아도 된다. 답을 떠올리는 게 생각보다 쉬울 수도 있고 어려울 수도 있다. 하지만 시간이 걸려도 반드시 답해야 하는 질문이다. 커피를 배울 때 맛의 기준을 정해두지 않으면 지금 배우는 커피가 어떤 맛을 추출하기 위한 커피인지 갈피를 잡지 못한다. 선생님이나 책을 통해 배우는 커피가 무조건 정답인 건 아니다. 때로는 나의 취향과 전혀 다른 커피를 배울 수도 있기 때문이다. 그래서 개인의 취향과 관련이 깊은 커피를 공부할 땐 맛의 기준을 분명히 세워야 한다. 매장에서 다른 바리스타들과 일할 때도 맛의 기준은 중요하다. 함께 일하는 바리스타들 각자가 생각하는 맛의 기준이 너무 다르면 추출하는 사람마다 고객에게 다른 커피를 제공하게 된다. 제조의 일관성이 없어지는 것이다. 이러한 일관성은 매장을 찾아오는 고객과의 믿음, 신뢰와 직결된다.

맛의 기준을 잡기 위해서는 캘리브레이션calibration이 필요하다. '눈금을 매기다'라는 뜻을 가진 이 단어를 필자는 '커피 맛의 기준을 정한다'라는 의미로 사용한다. 캘리브레이션을 통해 탐구할 커피가 무엇인지 명확하게 인식하자. 그리고 그 커피를 만들기 위한 본질적인 내용에 집중하자.

{ 단맛을 중심으로 밸런스가 좋은 커피 }

이 책에서 캘리브레이션의 기준은 필자의 커피다. 좀 더 구체적으로 필자가 추구하는 커피가 캘리브레이션의 기준이 될 커피다. 그 커피는 바로 '단맛을 중심으로 밸런스가 좋은 커피'다.

필자는 어떤 원두라도 이런 커피로 추출하기 위해 모든 것을 집중한다. 이 책을 통해 학습해 나갈 모든 지식과 기술은 바로 이러한 커피를 만들기 위한 것들이다. 지금부터 배울 커피는 그저 맛있는 커피가 아닌 목적과 방향이 분명한 커피다. 그렇다면, 그 커피를 만들기 위해 필요한 지식과 기술도 명확해진다.

이는 필자가 추구하는 커피를 만들기 위한 방법이지만, 커피 추출에는 본질적이며 보편타당한 원리가 적용되기 때문에 책의 내용을 충실히 학습해 나가면 원하는 커피를 내릴 수 있는 방법을 찾게 될 것이다. 추출된 커피의 맛은 취향의 영역이지만 커피 추출의 본질적인 원리는 취향을 타지 않기 때문이다.

이제 필자와 독자들은 이 책의 레시피를 학습하기 위해 배워갈 커피의 방향을 분명히 정했다. 그럼, 본격적인 학습에 앞서 내가 추구하는 커피를 적어보자. 그리고 이 책을 통해 그 커피를 만들 수 있는 지식과 기술을 익혀보자.

나 _____가 추구하는 커피는 _____ 다.

추출의 3도 그리고 시간과 비율

반드시 알아야 할 다섯 가지 기본 원리

{ 3 }

커피 추출에는 변수가 가득하다. 커피를 어렵다고 느끼는 것은 보통 한 가지 변수를 조정하는 것으로 문제가 해결되지 않기 때문이다. 조정한 변수에 따라 다른 변수도 함께 조정해야 하는 경우가 생각보다 많다. 예를 들어 추출된 커피에서 맛이 부족한 느낌을 받았다면 온도와 분쇄도, 비율 중 적절한 변수를 조정해야 한다. 문제는 이 중에 어떤 변수를 조정해야 할지 판단하기가 쉽지 않다는 것이다. 원인은 대체로 자신이 어떤 커피를 원하는지 명확히 알지 못하기 때문이다.

바로 이때, 기본적인 변수에 대한 이해가 없으면 '기본'이 아닌 '기분'에 따라 변수를 조정하게 된다. 어떤 변수를 조정해야 어떤 맛이 어떻게 달라지는지에 대한 이해가 부족하기 때문이다. 그러나 스스로 분명한 맛의 기준을 갖고 있다면 이를 위한 변수 조정은 복잡하지 않다.

반드시 알아야 할 다섯 가지 기본 원리를 이해하고 있다면 원칙을 갖고 변수를 조정할 수 있다. 원칙의 핵심은 '로스팅 정도'다. 그리고 무엇보다 잊지 말아야 할 것은 '이 원칙을 지켜서 만들고 싶은 커피'다.
다섯 가지 변수들은 서로 상호보완적 성격을 갖고 있다. 바리스타가 중요하게 여기는 요인에 따라 얼마든지 자유롭게 조정이 가능하다. 먼저 설명할 '추출의 3도(道)'는 단어 그대로 마치 길과 같다. 이 원리들을 정확히 알면 추출의 바른 길로 들어갈 수 있다.

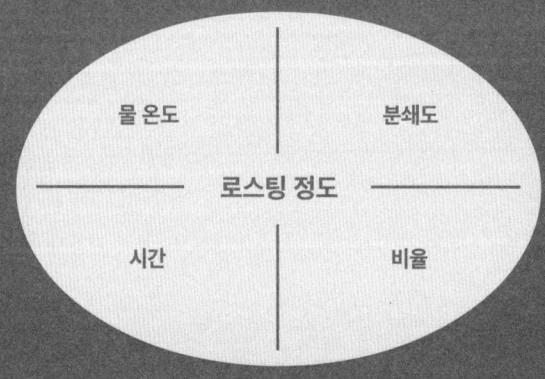

브루잉 추출의 핵심

{ 로스팅 정도: 변수 조절의 핵심 }

커피는 본래 식물의 씨앗이다. 이 씨앗을 생두Green Bean라고 하며 이는 로스팅 과정을 거쳐 원두Roasted Bean가 된다. 옅은 녹색을 띠는 생두는 로스팅 과정 중 열을 받아 점차 갈색으로 변한다. 여기서 멈추지 않고 로스팅을 계속하면 색상이 점점 어두워져 검은색이 된다. 이때 생두 내부 조직은 수분이 기화됨에 따라 점점 다공질, 즉 속이 빈 형태로 변화한다. 로스팅 정도에 따른 다공질 형태의 이해는 추출 변수를 파악하는 데 매우 중요하다. 로스팅 정도에 따라 커피 추출의 특징이 만들어지기 때문이다. 커피 추출은 많은 부분이 로스팅 정도에 의해 결정된다. 라이트 로스팅 커피에 다크 로스팅 커피의 향미를 기대할 수 없고, 반대의 경우도 마찬가지다. 모든 로스팅된 원두에는 생두가 지닌 최적의 향미를 발현시키기 위해 설계된 로스터의 의도가 담겨 있다. 이런 관점에서 커피 추출은 로스팅을 통해 빚어진 향미를 그 의도에 맞게 잔에 담는 행위로도 볼 수 있다. 물론 로스터와 바리스타의 의도가 상반되면 변수들을 변칙적으로 이용해 각자의 의도와 다른 결과물을 만들 수도 있겠지만, 여기서는 브루잉 초심자들의 효율적인 레시피 학습을 위해 각 로스팅 정도와 의도에 맞게 잘 로스팅된 커피를 기준으로 이야기한다.

로스팅 정도에 따른 특징을 명확히 파악하고 있으면 커피 추출의 큰 방향을 설정할 수 있다. 대표적인 로스팅 포인트는 세 가지로, 각 로스팅 정도의 향미 특징을 간략히 정리하면 다음과 같다.

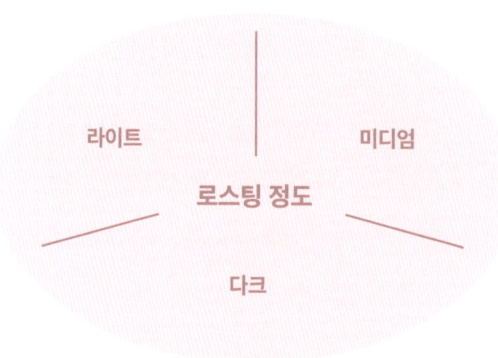

로스팅 정도	향미 특징
라이트 로스팅	산미가 많고 쓴맛이 없다
미디엄 로스팅	산미와 로스팅 단맛이 적절하며 고소하다
다크 로스팅	산미가 없고 구수하며 쓴맛이 있다

로스팅 정도에 따라 조성된 향미의 특징

라이트 로스팅은 꽃 향과 과일 같은 느낌의 산미를 표현하기 위해 진행한다. 커피가 밝게 로스팅되기 때문에 커피 성분이 충분히 추출되지 않으면 너무 가볍고 시다고 느낄 수 있다. 이때의 신맛은 산미와 구분된다. 과일 같은 달콤함이 함께 추출되지 않아 미간이 찌푸려질 정도로 자극적인 신맛은 기분 좋게 즐기기 어렵다. 로스팅이 잘 된 라이트 로스팅 커피는 꽃 향과 과일 맛이 풍부하다. 물론 사용하는 생두에 따라 조성되는 성분은 다르겠지만, 대개 이런 향미를 특징으로 하는 스페셜티 커피를 라이트 로스팅하기 때문에 기분 좋은 향, 과일 같은 느낌의 산미와 더불어 쓴맛이 없다는 특징이 있다.

이와는 반대로 다크 로스팅은 구수하고 씁쓸한 맛을 표현하기에 적합하다. 커피가 어둡게 로스팅되기 때문에 성분이 쉽게 추출되어 자칫 과도한 쓴맛이 느껴질 수 있다. 마찬가지로 로스팅이 잘 된 다크 로스팅 커피는 구수한 풍미가 훌륭하다. 스페셜티 등급의 커피를 다크 로스팅 하는 경우도 있긴 하지만, 일반적으로 커머셜 등급의 커피를 쓴다.

미디엄 로스팅은 라이트와 다크 로스팅의 중간으로 보통 고소한 향미를 표현하기 위해 진행하며 경우에 따라 산미를 남겨둔다. 커피가 적절한 수준으로 로스팅되기 때문에 성분 역시 적절히 추출하는 게 좋다. 가장 대중적인 느낌의 로스팅으로 품질이 좋은 커머셜 커피 혹은 스페셜티 커피로 진행한다.

{ 분쇄도: 향미 조절의 핵심 }

분쇄도는 말 그대로 분쇄된 커피 입자의 크기를 뜻한다. 커피와 물이 닿는 표면적은 분쇄도가 고우면 넓어지고, 분쇄도가 굵으면 좁아진다. 같은 양의 커피라고 하더라도 분쇄도에 따라 커피 성분이 다르게 추출될 수 있다. 이런 특징을 고려해 분쇄도는 로스팅 정도에 따라 조정한다. 먼저 로스팅 정도에 따른 분쇄도 조정을 로스팅 정도별로 조성된 향미 특징과 비교하며 확인해보자.

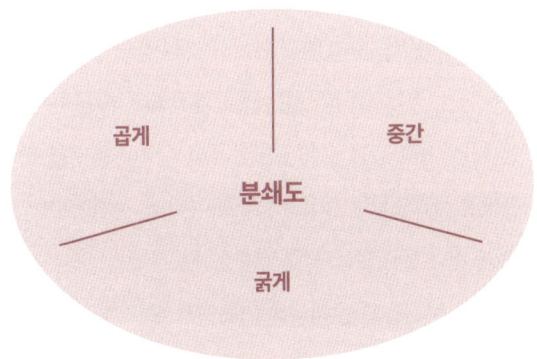

로스팅 정도	분쇄도	크기별 차이의 이해를 위한 예시
라이트 로스팅	곱게 Fine	설탕
미디엄 로스팅	적절히 Regular	고춧가루
다크 로스팅	굵게 Coarse	깨

로스팅 정도에 따른 분쇄도 조정
*예시일 뿐 절대적인 분쇄도는 아님

앞서 언급된 로스팅 정도에서 라이트 로스팅은 다공질의 정도가 가장 낮다는 것을 알았다. 다공질의 정도가 낮다는 것은 커피의 성분이 쉽게 추출되지 않는다는 의미다. 반대로 다공질의 정도가 높은 다크 로스팅 커피는 성분이 쉽게 추출된다. 추출 방법이 동일하다는 가정하에 분쇄도는 커피의 이런 특징을 고려해 설정하는 것이 좋다. 따라서 라이트 로스팅 커피는 곱게 분쇄해야 한다. 커피와 물이 닿는 표면적을 최대로 넓히는 것이 성분을 추출하는 데 효율적이기 때문이다. 만약 라이트 로스팅 커피를 굵게 분쇄해 추출하면 커피가 시고 가벼워진다. 다음으로 다크 로스팅 커피는 굵게 분쇄해야 한다. 물과 닿는 표면적을 최대로 좁히는 것이 효율적이다. 곱게 분쇄하면 너무 많은 커피 성분이 추출되어 과도한 쓴맛이 날 것이다. 미디엄 로스팅은 다공질의 정도가 적절하므로 라이트 로스팅과 다크 로스팅의 중간 정도 크기로 분쇄하는 것이 좋다. 하지만 각각의 분쇄도는 경우에 따라 달라짐을 기억하자. 사용하는 드리퍼의 구조, 물 붓는 횟수, 추출수의 온도 등에 따라 적정 분쇄 범위는 달라질 수 있다. 물 붓는 횟수가 많으면 어떤 로스팅 정도라도 분쇄는 굵게 하고, 반대의 경우엔 분쇄를 곱게 해야 향미 프로파일을 맞추기가 좋다. 모든 상황과 조건에 들어맞는 절대적인 분쇄도는 없다. 적절한 분쇄도는 상황에 따라 얼마든지 바뀔 수 있으니 분쇄도의 상대성을 이해하자. 다시 한번 강조하건대 다섯 가지 변수는 모두 상호 보완적인 성격을 갖고 있다.

{ 물 온도: 추출력 조절의 핵심 }

분쇄 커피가 담긴 드리퍼에 물을 부으면 음료화 가능한 성분이 용해된다. 브루잉은 바로 이 용해를 통해 분쇄 커피에서 음용할 수 있는 성분을 추출하는 행위다. 이때 물 온도는 추출력의 강도를 결정한다. 동일한 시간으로 추출한다고 가정할 때 물 온도가 높을수록 많은 성분이, 낮을수록 적은 성분이 추출된다. 위에서 알아본 세 가지 로스팅 정도에 따라 적절한 물 온도를 설정하면 다음과 같다.

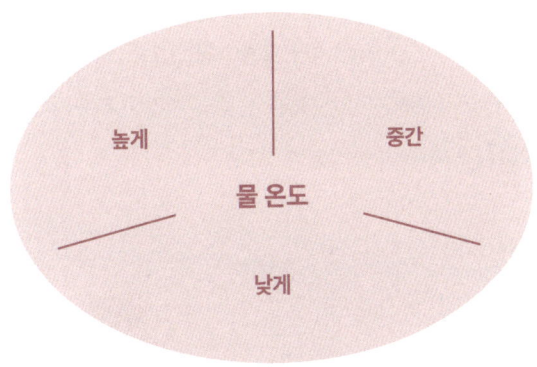

로스팅 정도	적정 물 온도 수준	예시
라이트 로스팅	높게	93℃
미디엄 로스팅	중간	85℃
다크 로스팅	낮게	80℃

로스팅 정도에 따른 적절한 물 온도

꽃 향과 과일 같은 산미가 특징인 라이트 로스팅 커피에서는 많은 성분을 추출하는 것이 좋기 때문에 물 온도를 높게 설정하는 것이 좋다. 물 온도가 낮으면 신맛이 도드라지기 쉽다. 구수하고 적절한 쓴쓸함이 특징인 다크 로스팅은 성분을 많이 추출하면 쓴맛이 부각될 수 있기 때문에 이에 맞게 조금은 낮은 온도가 좋다. 미디엄 로스팅은 라이트, 다크 로스팅의 중간 정도로 설정하는 게 바람직하다. 물 온도 역시 이 내용이 절대적이지 않다. 위의 표를 참고하되 원하는 향미가 부족하게 추출됐다면 온도를 조금 높여보고, 과하다면 온도를 낮춰보자. 좀 더 자세한 내용은 뒤에서 다루도록 하겠다.

{ 시간: 맛의 깊이 }

충분한 추출 시간은 커피 맛의 깊이를 만든다. 추출 시간은 로스팅 정도에 따라 상대적이다. 필자가 추구하는 커피를 만들기 위해 약 2분 30초 정도의 시간이 필요하다고 할 때, 로스팅 정도에 따른 추출 시간은 다음 표와 같이 정리할 수 있다.

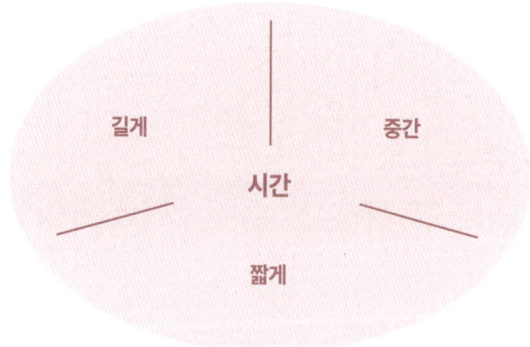

로스팅 정도	추출 시간 설정	예시
라이트 로스팅	기준보다 길게	3분
미디엄 로스팅	기준	2분 30초
다크 로스팅	기준보다 짧게	2분

로스팅 정도에 따른 추출 시간

중요한 것은 어떤 로스팅 정도라도 시간은 충분히 가져가야 한다는 것이다. 다크 로스팅 커피라고 하더라도 추출 시간이 너무 짧으면 맛의 깊이를 담기 어렵다. 시간을 조절할 땐 다음 두 가지 변수를 함께 고려해야 한다.

1. 분쇄도 2. 물 붓는 시간의 간격

추출 시간은 분쇄도가 가늘면 길어지고, 굵으면 짧아진다. 물 붓는 시간의 간격이 크면 시간은 길어지고 좁으면 짧아진다. 두 변수의 선택 기준은 추구하는 커피에 따라 달라질 수 있다. 먼저 고운 분쇄를 사용하고 싶다면 추구하는 향미가 강렬한 편일 것이고, 굵은 분쇄를 사용한다면 보다 편안한 커피를 지향할 것이다. 또, 물 붓는 시간의 간격이 넓다면 간격이 좁을 때보다 맛이 강하게 추출된다.

{ 비율: 농도 조절 }

커피와 물의 비율Brewing Ratio은 커피의 농도를 조절한다. 원두와 물의 비율이 낮으면, 즉 사용하는 원두 양에 비해 물이 적으면 커피가 진하게 추출된다. 반대로 원두와 물의 비율이 높으면, 즉 사용하는 물의 양이 많으면 커피가 연한 농도로 추출된다.

커피의 농도를 스트롱Strong, 레귤러Regular, 마일드Mild로 나누고 이에 맞는 비율을 정리하면 다음과 같다.

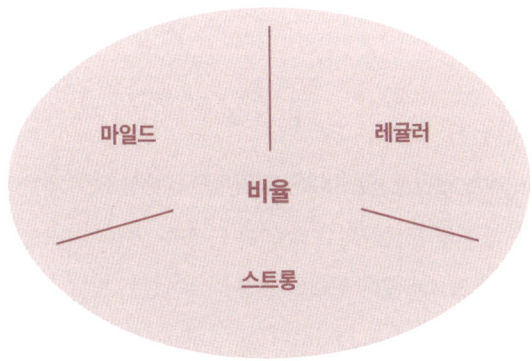

커피의 농도	원두와 물의 비율	예시1. 원두(g) : 물(g)	예시2. 물(g) : 원두(g)
스트롱	1:14	20 : 280	300 : 21
레귤러	1:15	20 : 300	300 : 20
마일드	1:16	20 : 320	300 : 18

커피의 농도에 따른 원두와 물의 비율

20g의 원두를 사용한다고 가정했을 때 스트롱 강도인 1:14 비율이라면 280g의 물을 사용하고, 레귤러인 1:15의 비율은 300g, 마일드인 1:16의 비율은 320g의 물을 사용해서 추출한다.

추출 중 드리퍼 및 서버 내부의 커피 성분 변화

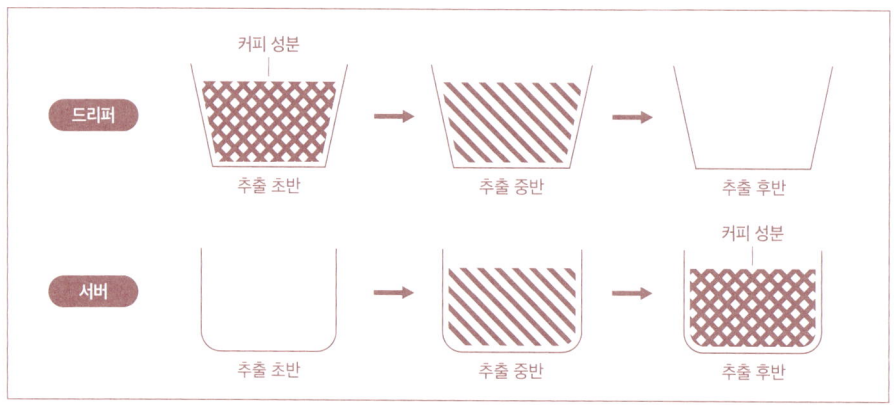

커피가 추출되는 초반에는 단맛, 신맛 위주의 자극적인 성분이 많이 추출된다. 추출수의 양이 적으면 자극적인 성분의 비율이 높아지고 물 양이 많으면 그만큼 자극적인 성분의 비율이 낮아진다. 커피의 농도는 물의 사용량에 따라 처음에는 높았다가 점점 낮아지게 된다. 단순하고 직관적인 원리다. 이 원리를 이용해 각자의 역치에 따라서 원하는 농도에 맞게 비율을 조절하는 것이다.

비율을 조정하는 방법은 이렇게 원두 양을 고정하고 물 양만 달리하거나, 반대로 물 양을 고정하고 원두 양을 바꾸는 것이다. 예를 들면 레귤러인 1:15의 비율에서 물의 양을 300g으로 고정하고 비율을 스트롱 강도인 약 1:14로 바꾼다면, 원두 양만을 21g으로 늘리면 된다.

표준 브루잉 레시피 설계

{ 4 }

¶ 로스팅 정도의 이해는 브루잉 레시피 설계의 밑그림

밑그림의 정의는 다음과 같다. '시험적으로 대충 그린 그림. 큰 작품을 제작할 때의 준비 단계로서 작은 종이나 천에 간단히 구도를 그려보는 것'.

즉, 밑그림이란 기초적인 작업을 말한다. 커피 브루잉에서는 로스팅 정도에 따른 브루잉 레시피가 밑그림이다. 큰 작품의 밑그림처럼 기초적인 것이지만 좋은 레시피를 위한 초석이 되기 때문이다. 로스팅 정도는 추출의 큰 방향을 설정하는 중요한 요소다. 추출을 위해서는 가장 먼저 로스팅 정도에 따라 결정되는 향미의 성향에 맞춰 레시피의 밑그림을 그리고, 다음으로는 추구하는 커피에 맞는 더 정확한 향미 추출을 위해 알맞은 도구를 선택해야 한다.

그럼 지금부터 [추출의 3도와 시간, 비율]의 내용을 토대로 로스팅 정도에 따른 표준 브루잉 레시피(HOT)를 라이트 로스팅 - 다크 로스팅 - 미디엄 로스팅 순서로 알아보자. 안내된 레시피들은 특별한 물 붓기 기술 없이도 각 로스팅 정도에 맞는 준수한 향미 표현을 가능하게 한다. 또한 처음 접하는 낯선 커피가 어떤 커피인지 파악하는 데에도 큰 도움이 될 것이다. 분쇄도는 로스팅 정도에 따라 코만단테 기준 28~35클릭 정도(약 800~900마이크론)를 제안하며 파트마다 적정 분쇄에 대한 설명을 적어두었다. 레시피는 투과식 드리퍼를 기준으로 안내한다.

이 책의 분쇄 범위 제안은 핸드밀 그라인더인 코만단테의 C60 모델을 기준으로 한다. 코만단테 C40을 사용한다면 필자가 제안하는 분쇄 범위에서 2클릭 정도 곱게 분쇄하길 권장한다.
(예시) 코만단테 C60 32클릭 - 코만단테 C40 30클릭

꼭 기억하자. 분쇄도는 절대적이지 않다.

코만단테 영점 맞추는 법

라이트 로스팅의 표준 브루잉 레시피

스페셜티 커피를 대표하는 라이트 로스팅은 좋은 커피를 판단하는 하나의 기준이 되고 있다. 원두를 육안으로 살폈을 때 기름기가 전혀 없고 밝은 갈색을 띤다면 이는 좋은 커피라서 밝게 볶았다는 의도로 이해할 수 있다. 왜냐하면 품질이 좋지 않은 커피를 라이트 로스팅하면 풀 맛이나 익지 않은 곡물 같은 부정적인 향미가 추출되기 때문이다.

이와 반대로 라이트 로스팅을 할 정도의 좋은 커피를 다크 로스팅 하면 많이 아쉽다. 라이트 로스팅에서 경험할 수 있는 향긋한 꽃 향과 싱그러운 과일의 향미가 거의 손실되기 때문이다. 이렇게 꽃 향과 과일의 향미는 라이트 로스팅을 대표하는 향미 특징이다. 많은 사람이 일반적인 커피에서 경험하기 어려운 이 매력적인 향미에 빠져 스페셜티 커피에 입문하곤 한다.

하지만 향미가 매력적인 만큼 추출하는 것은 쉽지 않다. 산미라고 불리는 커피의 신맛이 너무 강하게 추출되어 마시기 어려워진다. 앞에서 이야기했듯 산미는 신맛과 엄격히 구분된다. 산미는 과일과 같이 단맛이 함께 느껴져 감칠맛이 좋고, 신맛은 말 그대로 신맛이다. 미간이 찌푸려지고 몸이 꼬일 것 같은 강한 신맛은 커피 한 잔을 다 마시기 힘들게 한다. 제대로 된 라이트 로스팅은 원두에 과일 같은 단맛이 함께 느껴지는 산미를 불어넣는다.

라이트 로스팅 커피 브루잉 레시피의 관건은 이렇게 조성된 산미를 어떻게, 얼마나 잘 조절하는가다. 고로 라이트 로스팅 추출의 키워드는 '산미'다. 로스팅 시 산미를 의도적으로 낮추려 하지 않은 이상 산미를 잘 조절해야 단맛도 잘 표현된다. 꽃향기가 풍성하고 산미와 단맛이 조화로우며 액상이 깨끗한 라이트 로스팅 커피는 생각만 해도 맛있다.

{ 라이트 로스팅 표준 브루잉 레시피 ① }
18g에 60×5=300

분쇄도	온도	시간	비율 (1:16.66)
코만단테 31클릭	93~95℃	3분 정도	높게 (18g : 300g)

드리퍼	라이트 로스팅에 적합한 유속이 빠른 제품 (ex.하리오 V60)
물 붓는 방법	중앙에서 밖으로, 다시 중앙으로 서클 푸어
물 붓는 양과 간격 횟수	300g을 60g씩 40초 간격으로 5회

라이트 로스팅의 표준 브루잉 레시피는 '18g에 60×5=300'로 기억하자. 이 레시피를 사용하면 산미의 톤이 높지 않아 마시기 편안한 커피가 완성된다. 위의 표를 응용하여 1~2인용 드리퍼에 적합한 15g의 커피를 사용하는 경우는 다음과 같이 정리할 수 있다.

{ 라이트 로스팅 표준 브루잉 레시피 ② }

15g에 50×5=250

분쇄도	온도	시간	비율 (1:16.66)
코만단테 28클릭	93~95℃	3분 정도	높게 (15g : 250g)

드리퍼	라이트 로스팅에 적합한 유속이 빠른 제품 (ex.하리오 V60)
물 붓는 방법	중앙에서 밖으로, 다시 중앙으로 서클 푸어
물 붓는 양과 간격 횟수	250g을 50g씩 40초 간격으로 5회

{ 라이트 로스팅 분쇄도 }

분쇄가 고우면 커피의 성분이 충분히 추출되고 향기도 그만큼 풍성하게 담긴다. 라이트 로스팅 특유의 산미는 분쇄도가 고울 때 조절하기 좋다. 스페셜티 등급의 커피가 가장 많은 라이트 로스팅은 가공 방식에 따라 분쇄 적정 범위가 다르다. 추출 시간 3분을 기준으로 워시드가 가장 굵고, 특수 가공된 커피는 가장 곱다. 네추럴은 둘의 중간 정도다.

여기서 제안하는 분쇄도는 절대적인 것이 아니다. 각자 맛을 느끼고 인지하는 능력에 따라 얼마든지 조절이 가능하다. 필자는 초심자들이 산미가 조절되는 적절한 고운 분쇄 범위 안에서 분쇄작업이 크게 어렵지 않을 정도의 크기를 제안한다. 이 정도의 분쇄도에서 신맛을 많이 느낀다면 더 곱게 분쇄해도 된다.

분쇄가 너무 굵으면 커피의 산미가 신맛으로 느껴지기 쉽다. 무게도 가볍고 맛이 비어 있는 듯한 느낌이 든다. 반대로 분 쇄가 너무 고우면 산미가 과도하게 조절되어 커피가 떫을 수 있다. 그래서 곱게 분쇄하는 것이 이로운 라이트 로스팅 커피들은 추출 속도를 빠르게 만들어주는

드리퍼를 사용하는 것이 좋다. 고운 분쇄에서 빠른 추출 속도로 과다추출 없이 라이트 로스팅 특유의 꽃 향과 과일 같은 단맛을 풍성하게 담을 수 있기 때문이다. 속도가 느린 드리퍼를 사용해도 되지만 이에 맞게 향미 프로파일을 맞추려면 분쇄가 굵어져야 하고, 이 조건에 맞는 산미 조절을 위해서는 추출 시간이 길어져야 한다. 레시피는 효율성도 중요하므로 라이트 로스팅에는 추출 속도가 빠른 드리퍼를 권장한다. 적절한 분쇄 굵기는 물 붓는 횟수에 따라서도 달라진다. 관련 내용은 '비율' 부분에서 더 자세히 설명하겠다.

{ 라이트 로스팅 물 온도 }

라이트 로스팅 추출 시 물의 온도는 93~95℃ 정도를 제안한다. 물 온도가 적당히 높아야 커피의 성분을 충분히 추출할 수 있기 때문이다. 낮은 온도로 추출하면 분쇄가 적절하더라도 맛의 톤이 떨어져 밍밍한 느낌이 든다. 적당히 높은 온도의 물을 사용하면 산미와 단맛의 밸런스를 잘 맞출 수 있다. 로스팅 정도에 따라 더 높은 온도의 물을 사용해도 된다.

> ◆ 알짜상식 ◆
>
> 라이트 로스팅의 대명사인 북유럽에서는 커피를 우리나라보다 더 밝게 볶는 경우가 많은데, 이는 북유럽 등지에서 커피를 추출하는 물의 성분이 한국과 다르기 때문이다. 미네랄이 더 많이 들어있는 북유럽의 물은 커피 성분을 더 많이 추출하기 용이하다.

물은 양이온, 커피 성분은 음이온이다. 물에 양이온이 많이 들어 있으면 음이온인 커피 성분을 붙여서 끌고 추출해서 나오기 쉽다. 양이온을 비롯한 미네랄이 많이 들어 있는 물을 '경도가 높다'고 표현하며 '경수'라고 부른다. 반대의 경우는 '경도가 낮다'고 하고 '연수'라고 부른다. 시중에서 구할 수 있는 생수의 대부분은 커피 추출에 어려움이 없다. 하지만 외국에서 들어온 생수 중에는 양이온의 함유량이 높은 것들이 있어 이를 사용하면 커피가 거칠게 추출될 수 있다.

2가 양이온 (전자가 2개)	양이온 (전자가 1개)
칼슘 Ca^{+2}	칼륨 +
마그네슘 Mg^{+2}	나트륨 +

커피 추출에 영향을 주는 대표적인 양이온 네 가지

{ 라이트 로스팅의 추출 시간 }

라이트 로스팅의 추출 시간은 3분 정도를 제안한다. 라이트 로스팅 커피의 산미가 너무 과하거나 맛이 빈 듯한 느낌이 든다면 추출 시간이 충분하지 않았기 때문이다.

브루잉에서 추출 시간에 영향을 주는 요인은 분쇄도와 물 붓는 간격 두 가지다. 먼저 분쇄도의 경우 분쇄가 고우면 추출 시간이 길어지고, 분쇄가 굵으면 추출 시간이 빨라진다. 물 붓는 시간 간격을 조절하는 것도 추출 시간에 영향을 준다. 물을 다섯 번에 나눠 붓는 레시피라면 각 차수를 40~50초 간격으로 조절할 수 있다. 이보다 간격이 짧아도 괜찮다.

{ 라이트 로스팅의 추출 비율 }

필자가 추천하는 라이트 로스팅의 추출 비율은 1:16.66 정도다. 1:17에 가까운 이 정도 비율에서 산미와 단맛의 밸런스가 좋기 때문이다. 비율이 이보다 낮으면 강렬한 신맛이 가득 담긴 커피로 추출된다. 앞에서 비율을 조정하는 방법에는 사용하는 원두 양을 고정하고 물 양을 조절하는 것, 사용하는 물 양을 고정하고 원두 양을 조절하는 것 두 가지가 있다고 소개했다. 필자는 물 양을 고정하고 원두 양을 조정하는 방법을 선호한다. 그게 더 효율적이기 때문이다.

라이트 로스팅 커피를 처음 내릴 때 물 양을 300g으로 고정한다면 1:16.66의 비율을 적용해 원두는 18g 정도를 쓰는 게 좋고, 산미를 좋아하는 사람이라면 비율을 1:15.78 정도로 조절해 19g의 원두를 사용해도 괜찮다. 단, 추출 시간을 비롯해 레시피를 설계해 놓은 상태에서 19g으로 커피 양을 늘린다면 분쇄도가 굵어져야 한다는 것을 기억하자. 분쇄를 함께 조정해야 커피 양을 조절한 효과를 볼 수 있다.

원두를 18g 사용했다가 산미가 부족한 것 같아서 19g으로 늘렸는데 분쇄도는 조정하지 않으면 추출 시간이 길어져 산미가 기대한만큼 높아지지 않을 수 있다. 반대의 경우로 원두 양을 줄였다면 마찬가지로 분쇄를 곱게 조정해야 한다. 19g의 원두로 커피를 추출했다가 산미가 과한 것 같아 18g으로 양을 줄였는데, 분쇄를 곱게 조정하지 않으면 19g을 사용했을 때보다 추출 시간이 짧아져 산미가 오히려 더 많이 느껴질 수 있다.

비율을 설계했다면 물을 몇 번 나눠 부을 것인지를 결정해야 한다. 물 붓는 횟수가 많으면 분쇄 커피에 새로운 물이 계속 부어지기 때문에 커피 성분을 많이 추출하기에 좋다. 성분을 충분히 추출하는 것이 이로운 라이트 로스팅은 물 붓는 횟수가 많은 쪽을 권장해 5회로 제안한다. 물 붓는 횟수가 많으면 분쇄가 너무 곱지 않아도 돼 분쇄 작업도 수월한 편이다. 아울러 물이 한쪽으로 치우쳐 흐르는 채널링도 방지할 수 있다. 필자가 초심자에게 라이트 로스팅에 다회차 추출을 권장하는 이유다. 덧붙여 라이트 로스팅의 다회차 추출은 꽃 향과 과일 같은 특성을 살려내기 좋다.

이 부분을 읽고 이런 질문을 할 수 있다. "앞에서 라이트 로스팅 커피는 곱게 분쇄하라고 하지 않았던가?" 그렇다. 라이트 로스팅은 곱게 분쇄해야 한다. 하지만 그 고운 분쇄의 정도는 추출 방법, 드리퍼 등의 변수에 따라 달라질 수 있다. 필자가 말하는 다회차 추출을 미디엄과 다크 로스팅에도 적용한다면 단연 라이트 로스팅 커피의 분쇄가 가장 고울 것이다. 분쇄 굵기의 고정관념을 갖지 말라는 말도 함께 기억하길 바란다. 각자의 추출에 적합한 분쇄도는 계속 찾아야 한다.

이 책에 소개된 [라이트 로스팅의 표준 브루잉 레시피]를 바탕으로 하되 개인의 취향에 따라 바꿔 사용해도 좋다. 라이트 로스팅의 산미를 좋아한다면 분쇄는 조금 더 굵게, 시간은 조금 짧게, 비율은 조금 낮게 가져가보자. 라이트 로스팅 커피에 유속이 느린 드리퍼를 사용해도 된다. 단, 그만큼 분쇄는 굵게 조정해야 한다. 느린 유속으로 과다추출이 일어날 수 있기 때문이다. 초심자라면 위의 레시피를 그대로 사용하길 권장한다. 그렇게 해도 충분한 효과를 볼 것이다. 이어서 미디엄 로스팅을 알아보기 전에 다크 로스팅을 먼저 다루고자 한다. 다크 로스팅은 라이트 로스팅과 상반되기 때문에 로스팅 정도에 따른 브루잉 레시피 접근법에 대한 이해가 더 수월할 것이다.

다크 로스팅의 표준 브루잉 레시피

스페셜티 커피가 지금처럼 확산되기 전에 대부분의 커피는 다크 로스팅이었다. '커피는 쓴맛이다' 라는 인식이 생겨난 계기라고 해도 될 정도다. 다크 로스팅은 특유의 구수한 향과 묵직한 바디를 지니고 있어 '맛이 깊다'는 표현이 어울리기도 한다. 그래서 우리나라의 많은 커피 애호가는 다크 로스팅을 선호한다. 식사 후에 마시는 다크 로스팅 커피는 한식 특유의 짜고 매운맛의 여운을 말끔하게 씻어주기 때문이다.

요즘에는 산미 있는 커피와 산미 없는 커피를 선택할 수 있게 하는 스페셜티 커피 매장이 많은데, 거의 대부분의 손님은 산미 없는 커피를 택한다. 그리고 이렇게 말한다. "신맛 없는 거, 구수한 커피 주세요."

잘 추출된 다크 로스팅 커피는 놀라울 만큼 맛이 좋다. 하지만 그렇지 않은 경우라면 꼭 한약을 먹는 듯한 기분이 들 정도로 쓴맛만 가득하다. 누구라도 한번 정도는 쓴맛이 가득한 다크 로스팅 커피를 마셔봤을 것이다.

라이트 로스팅 커피의 추출 키워드가 산미라면 다크 로스팅의 추출 키워드는 '쓴맛'이다. 다크 로스팅 커피는 쓴맛을 어떻게, 얼마나 잘 조절하느냐가 중요하다. 쓴맛을 잘 조절하면 깊고 구수한 맛을 느낄 수 있다. 그윽한 향기에 구수하고 부드러운 다크 로스팅 커피 한잔. 누구나 좋아하는 호불호 없는 다크 로스팅을 위한 표준 브루잉 레시피를 알아보자. 앞서 설명했듯 다크 로스팅은 라이트 로스팅과 상반된다. 앞서 학습한 라이트 로스팅의 내용을 참고하며 읽어 나가면 더 흥미롭고, 로스팅 포인트에 따른 표준 브루잉 레시피 설계에 대한 이해가 깊어질 것이다.

{ 다크 로스팅 표준 브루잉 레시피 ① }

20g에 100×3=300

분쇄도	온도	시간	비율 (1:15)
코만단테 35클릭	80~82℃	2분 정도	높게 (20g : 300g)

드리퍼	다크 로스팅에 적합한 유속이 느린 제품 (ex. 케멕스)
물 붓는 방법	중앙에서 밖으로, 다시 중앙으로 서클 푸어
물 붓는 양과 간격 횟수	300g을 100g씩 30초 간격으로 3회

다크 로스팅 표준 레시피는 '20g에 100×3=300'으로 기억하자. 라이트 로스팅과 마찬가지로 1~2인용 드리퍼를 사용한다면 다음과 같이 레시피를 설계할 수 있다.

{ 다크 로스팅 표준 브루잉 레시피 ② }

17g에 8-9-8

분쇄도	온도	시간	비율 (1:14.70)
코만단테 32클릭	80~82℃	2분 정도	높게 (17g : 250g)

드리퍼	다크 로스팅에 적합한 유속이 느린 제품 (ex. 케멕스)
물 붓는 방법	중앙에서 밖으로, 다시 중앙으로 서클 푸어
물 붓는 양과 간격 횟수	80g을 붓고 30초 간격으로 90g - 80g 푸어

{ 다크 로스팅 분쇄도 }

다크 로스팅은 특유의 특징으로 커피 성분의 추출이 쉽기 때문에 성분을 적절히 추출하는 방향으로 레시피를 설계해야 한다. 보통은 분쇄를 굵게 한다. 다크 로스팅 원두는 라이트 로스팅 원두보다 무게가 가벼운데 콩의 크기는 크다. 로스팅이 진행될수록 수분이 기화되며 원두의 크기는 커지고, 내부가 점점 비어 잘 부숴지는 상태가 된다. 이렇게 밀도가 낮은 다크 로스팅은 핸드밀로도 수월한 분쇄가 가능하며, 커피 성분이 쉽게 용해된다.

사진 정도의 분쇄 크기가 다크 로스팅 커피 브루잉에 적절하다. 브루잉 초심자는 추출이 비교적 용이하고 분쇄 역시 수월한 다크 로스팅 커피로 입문하는 것이 브루잉에 흥미를 붙이기에 좋다. 분쇄도 조정에는 물 온도 조정이 동반되어야 한다. 다시 한번 변수들의 상호 보완적 특성을 기억하자.

{ 다크 로스팅 물 온도 }

다크 로스팅 커피를 추출하는 물 온도는 80~82℃ 정도를 제안한다. 물 온도가 높으면 쓴맛이 많이 추출되기 때문이다. 물론 분쇄를 더 굵게 하면 이보다 높은 온도를 사용해도 되겠지만, 추구하는 커피에 따라 각각의 변수 조정의 장단점이 있기에 필자는 위 표에서 안내한 분쇄 정도에 물 온도 80~82℃를 제안한다. 이 정도에서 다크 로스팅 특유의 향미가 부드럽게 느껴지고 바디와 마우스필이 좋다.

물의 분자 운동은 물 온도가 높을수록 활발해진다. 분자 운동이 활발해지면 물에 성분이 녹아져 나오는 용해 현상이 촉진되어 성분을 더 많이 추출하게 된다. 다크 로스팅은 커피 성분을 추출하기가 쉽기 때문에 높은 온도를 사용하면 과다추출될 수 있어 좋지 않다. 앞에서 먼저 알아본 라이트 로스팅은 물의 분자 운동이 활발해야 커피 성분을 원활히 추출할 수 있기 때문에 적정 물 온도로 93~95℃를 제안했다. 추출수의 온도에서 알 수 있듯 라이트, 다크 로스팅은 완전히 대비된다. 추가로 80~82℃ 정도의 낮은 온도로 추출하면 분쇄를 너무 굵게 하지 않아도 된다. 분쇄가 너무 굵으면 아무리 다크 로스팅이라도 커피 맛이 밍밍할 수 있다.

{ 다크 로스팅의 추출 시간 }

다크 로스팅의 추출 시간은 2분 정도를 제안한다. 시간이 이보다 길면 커피 성분이 많이 나와서 쓴맛이 높아지고 떫어진다. 하지만 너무 짧아도 좋지 않다. 커피 성분이 잘 나오는 다크 로스팅도 추출 시간이 너무 짧으면 맛이 밍밍하다.

이러한 추출 조건에서 충분한 시간 동안 커피를 추출하기 위해서는 물이 천천히 빠지는 형태의 투과식 드리퍼가 필요하다. 이 역시 라이트 로스팅과 대비되는 부분이다. 대표적인 드리퍼로 케멕스가 있다.

{ 다크 로스팅의 추출 비율 }

다크 로스팅의 추출 비율은 1:15 정도를 제안한다. 이 정도 비율에서 다크 로스팅 특유의 구수함이 잘 느껴진다. 비율이 이보다 높으면 쓴맛이 나오기 쉽다. 다크 로스팅 커피를 전통적인 방법으로 브루잉하는 사진들을 보면 드리퍼를 가득 채울 정도로 많은 양의 원두에 물을 붓는 모습을 어렵지 않게 볼 수 있다. 드리퍼를 가득 채운 원두에 물을 붓는 모습은 보기만 해도 먹음직스러운데, 이는 단순히 보기 좋은 연출이 아니다. 실제로 로스팅 정도가 강할수록 많은 양의 원두를 사용해야 쓴맛이 적고 구수한 맛을 낼 수 있다.

필자는 적절한 원두 양으로 20g을 제안한다. 참고로 같은 양의 커피여도 다크 로스팅한 20g의 부피는 라이트 로스팅한 20g의 부피와 다르다. 로스팅이 다크해질수록 수분은 줄고 부피는 커져 분쇄를 해도 다크 로스팅 커피가 상대적으로 더 많아 보인다. 얼마나 강하게 로스팅했는지에 따라 더 많은 원두를 사용해도 된다. 로스팅이 강하게 됐을수록 원두도 그만큼 많이 사용하는 게 좋다.

다크 로스팅 원두(왼)와 라이트 로스팅 원두(오)의 부피 비교.
똑같은 20g이지만 로스팅 정도에 따라 부피가 달라진다.

라이트 로스팅과 같이 물 양을 300g으로 고정하고 20g의 분쇄 원두를 사용하면 비율은 1:15가 된다. 쓴맛을 더 줄이고 싶다면 원두를 22g(비율 1:13.63)으로 늘려보자. 이때 분쇄를 조절하지 않고 그대로 사용한다면 쓴맛이 더 줄어든 구수하고 진한 커피를 내릴 수 있다. 양을 늘렸다고 분쇄를 굵게 조절하면 이 같은 효과를 크게 보기 어렵다. 이 또한 라이트 로스팅 커피의 원두 양 조정과 대비된다. 이렇듯 중요한 것은 추출하고자 하는 방향이다. 추출하는 방향이 분명해야 원두 양도 알맞게 사용할 수 있다. 만약 여기서 쓴맛을 더 줄이고 다크 로스팅 커피 특유의 구수한 맛을 강하게 추출하고 싶다면, 더 적은 양의 물로 진하게 추출한 뒤 물을 첨가하는 바이패스bypass를 활용하는 것도 좋다.

다크 로스팅의 물 붓는 횟수는 라이트 로스팅보다 적은 게 좋다. 라이트 로스팅처럼 다섯 번에 나눠 물을 부으면 너무 많은 성분이 추출되어 마시기에 즐겁지 않을 수 있다. 다섯 번에 맞춰 분쇄를 더 굵게 하면 되지 않을까 생각할 수도 있겠지만, 늘어난 횟수만큼 적은 양의 물을 여러 번 나눠 부으면 물이 가벼운 다크 로스팅 커피 입자 사이를 쉽게 지나쳐버리거나, 분쇄 입자들이 드리퍼 내부를 떠 다니다가 벽면에 달라붙을 수 있다. 이 경우 당연히 맛이 연하고 밍밍해진다.

필자가 다크 로스팅에 권장하는 물 붓는 횟수는 3회다. 물을 세 번에 나눠 부으면 다크 로스팅에 너무 굵은 분쇄를 사용하지 않아도 된다. 로스팅 특성상 입자가 굵은 게 바람직하지만, 추출하는 방법에 따라 너무 굵은 입자를 사용하지 않아도 괜찮다. 사용하는 드리퍼에 맞는 적절한 분쇄도는 다크 로스팅 특유의 깊고 부드러운 느낌을 잘 표현해준다. 물을 3회차에 나눠서 부으면 각 차수마다 물이 차오르며 추출되는 침지 현상이 충분히 일어나 분쇄 입자가 물과 충분히 만나 커피 맛이 부드러워진다. 이렇듯 3회차에 나눠 침지를 충분히 활용하면 구수하면서 부드러운 다크 로스팅 커피를 추출할 수 있게 된다.

미디엄 로스팅의 표준 브루잉 레시피

라이트와 다크 로스팅의 중간 단계인 미디엄 로스팅은 다크 로스팅만큼 많은 사람이 선호하는 로스팅 정도다. 미디엄이라는 단어 그대로 맛도 그렇다. 보통은 산미와 단맛, 구수함이 적절히 들어있다. 라이트 로스팅처럼 꽃 향과 과일의 향미가 강조되지 않고, 다크 로스팅처럼 구수함과 쌉쌀함이 강조되지도 않는다. 라이트 로스팅만큼은 아니지만 적절한 꽃과 과일의 향미를 지니며, 다크 로스팅만큼은 아니지만 구수하고 깊은 향미를 갖고 있는 게 미디엄 로스팅 커피다. 미디엄 로스팅은 지금까지 설명한 라이트와 다크 로스팅의 중간 개념이기 때문에 먼저 설명한 두 로스팅 포인트의 내용을 충실히 학습했다면 이해가 더 수월할 것이다. 참고로 미디엄 로스팅에는 비교적 더 밝게 로스팅된 미디엄 라이트 로스팅과 조금 더 어둡게 로스팅된 미디엄 다크 로스팅도 있다. 어떤 포인트가 더 좋다는 것은 없다. 각자 취향에 맞게 고르면 된다.

라이트 원두 - 다크 원두 - 미디엄 원두

미디엄 로스팅 추출의 키워드는 '밸런스'다. 미디엄 로스팅의 표준 브루잉 레시피는 라이트와 다크 로스팅 표준 레시피와 함께 기재했다. 각 로스팅 특징에 따른 내용이 한눈에 들어와 이해에 도움이 될 것이다.

{ 미디엄 로스팅 표준 브루잉 레시피 ① }

19g에 75×4=300

로스팅 정도	분쇄도	온도	시간	비율 (원두:물)
라이트 로스팅	코만단테 31클릭	93~95℃	3분 정도	18g:300g (1:16.66)
미디엄 로스팅	코만단테 33클릭	85~87℃	2분 30초 정도	19g:300g (1:15.78)
다크 로스팅	코만단테 35클릭	80~82℃	2분 정도	20g:300g (1:15)

드리퍼	미디엄 로스팅에 적합한 유속이 적절한 제품 (ex. 칼리타 웨이브)
물 붓는 방법	중앙에서 밖으로, 다시 중앙으로 서클 푸어
물 붓는 양과 간격 횟수	300g을 75g씩 35초 간격으로 4회

미디엄 로스팅도 1~2인용 크기의 드리퍼를 사용한다면 다음과 같이 레시피를 정리할 수 있다.

{ 미디엄 로스팅 표준 브루잉 레시피 ② }

16g에 6-7-6-6

분쇄도	온도	시간	비율 (1:15.62)
코만단테 30클릭	85~87℃	2분 30초 정도	중간 (16g : 250g)

드리퍼	미디엄 로스팅에 적합한 유속이 적절한 제품 (ex. 칼리타 웨이브)
물 붓는 방법	중앙에서 밖으로, 다시 중앙으로 서클 푸어
물 붓는 양과 간격 횟수	60g을 붓고 35초 간격으로 70g - 60g - 60g 푸어

{ 미디엄 로스팅 분쇄도 }

라이트 로스팅과 다크 로스팅의 중간 정도다. 분쇄가 너무 고우면 쓰고 떫은맛이 나고, 너무 굵으면 시고 밍밍한 맛이 난다.

{ 미디엄 로스팅 물 온도 }

미디엄 로스팅의 물의 온도는 85~87℃를 제안한다. 물 온도 역시 마찬가지로 라이트와 다크의 중간 정도가 좋다. 제안한 85~87℃는 라이트 로스팅의 93~95℃와 다크 로스팅의 80~82℃ 딱 중간은 아니다. 앞서 설명한 대로 미디엄 로스팅이라도 경우에 따라 조금 더 밝게 볶기도, 또 조금 더 어둡게 볶기도 하는데, 보통의 경우 구수한 향미를 선호하는 대중성을 고려해 더 어둡게 볶으므로 85~87℃ 정도를 제안한 것이다. 조금 더 밝게 볶인 커피라고 판단되면 좀 더 높은 온도도 좋다. 다시 한번 말하지만 절대적인 온도도, 절대적인 분쇄도도 없다. 변수는 상호 보완적인 특성을 가지므로 자신이 추구하는 커피를 파악하는 것이 핵심이다. 추구하는 커피를 파악했다면, 이에 맞게 각 로스팅 포인트에 맞는 최적의 온도를 필자의 가이드에 따라 찾아야 한다.

{ 미디엄 로스팅의 추출 시간 }

미디엄 로스팅의 추출 시간은 라이트와 다크의 중간 정도인 2분 30초 정도를 제안한다. 미디엄 로스팅도 추출 시간이 짧으면 시고 밍밍하고, 시간이 길면 쓰고 떫다. 이제 분쇄 크기에 따라 커피 맛이 어떻게 느껴지는지는 어느 정도 이해가 되었을 것이다.

미디엄 로스팅은 이런 특성을 고려해 유속이 너무 빠르지도, 느리지도 않은 드리퍼를 사용하는 게 좋다. 대표적인 것이 칼리타 웨이브다. 미디엄 로스팅은 로스팅의 성질처럼 어떤 향미에 집중하는지에 따라 적합한 드리퍼가 달라질 수 있다. 향미에 집중한다면 유속이 빠른 하리오 V60이 더 좋을 수 있고, 마우스필에 집중한다면 유속이 느린 케멕스가 더 좋을 수 있다. 단, 사용하는 드리퍼에 맞게 미리 그려둔 밑그림인 로스팅 정도에 따른 표준 브루잉 레시피를 바탕으로 변수를 조절해야 한다.

로스팅 정도에 따른 표준 브루잉 레시피는 대략적인 레시피라는 것을 명심하자. 이 레시피들은 더 구체적인 레시피를 위한 밑그림이다. 밑그림이 없이 구체적인 그림을 그릴 수 없는 것처럼, 이 내용들에 대한 이해 없이 구체적인 브루잉 레시피를 설계하긴 어렵다.

{ 미디엄 로스팅의 추출 비율 }

미디엄 로스팅의 추출 비율은 1:15.79 정도를 제안한다. 1:16에 가까운 비율로, 물을 300g 사용한다면 원두는 19g을 사용하는 것이다. 이 역시 18g을 사용했던 라이트 로스팅과 20g을 사용했던 다크 로스팅의 중간이다. 여기서도 마찬가지로 커피에 구수함을 더 주고 싶다면 원두양은 조금 적게, 분쇄는 조금 곱게 조정하면 된다. 만약 산미를 더 높이고 싶다면 원두를 좀 더 많이 사용하고 분쇄를 조금 굵게 조정하면 좋다.

물 붓는 횟수도 라이트와 다크 로스팅의 중간인 4회를 권장한다. 물 붓는 횟수가 많으면 추출력이 그만큼 높아지고, 물 붓는 횟수가 적으면 그만큼 추출력이 낮아진다. 여기서 말하는 추출력의 높고 낮음은 좋고 나쁨으로 구분하지 말아야 한다. 로스팅 포인트에 따라 구성된 향미 성분들을 이에 맞게 추출하는 것이 중요하다.

이번 장에서는 로스팅 정도에 따른 브루잉 레시피를 살펴봤다. 몇 차례 강조했듯 로스팅 정도에 따른 표준 브루잉 레시피는 더 자세한 레시피를 설계하기 위한 밑그림이다. 지금까지 살펴본 내용을 잘 이해하고 있으면, 선택하는 드리퍼에 따라 더 자세한 레시피를 설계할 수 있다.

필자는 이 장에서 로스팅 포인트와 드리퍼 구조의 궁합에 맞는 레시피를 제안했다. 각 장에서 소개된 로스팅 정도에 따른 적절한 드리퍼는 각각의 로스팅 정도 그리고 드리퍼에 대한 이해도가 선행된다면 변칙적으로 활용할 수 있다. 라이트 로스팅에 케멕스를 사용할 수도 있고, 다크 로스팅에 하리오 V60을 사용할 수도 있는 것이다. 브루잉 초심자라면 우선 필자가 제안하는 표준 레시피를 충분히 익혀보자.

물줄기 조절,
나만의 브루잉 레시피를 완성하는 비법

{ 5 }

인터넷의 발달, 특히 유튜브의 활성화로 브루잉 레시피가 보편화됨에 따라 도제식 교육으로 커피를 배웠던 과거와 달리 이제는 물줄기 조절에 대해 이야기하는 것이 뭔가 고지식한 느낌이다. 하지만 필자는 브루잉에서 물줄기 조절은 레시피만큼이나 중요하다고 생각한다. 이는 브루잉 커피의 제조 기술로, 각자의 개성을 만드는 핵심 요소이기 때문이다. 레시피가 가장 중요하지만 물줄기 조절을 경시해서는 안 되는 이유다. 훌륭한 레시피는 결국 그 레시피를 표현하기 위해 최적화된 물줄기 조절을 통해 완성된다.

> 추구하는 커피 설정 → 이에 맞게 설계된 레시피
> → 자신만의 물줄기를 이용한 추출 → 독자적인 커피 완성

같은 레시피라도 물줄기를 어떻게 조절하는지에 따라 커피 맛은 달라진다. 더 구체적으로, 같은 분쇄도라도 물줄기가 다르면 다르게 추출된다. 물줄기를 통한 교반의 정도, 설정한 물 온도의 정확한 전달, 물 붓기 속도 등이 제각각이기 때문이다. 실례로 사람들이 좋다고 말하는 레시피가 자신에게 적용되지 않을 때가 있다. 이는 보통 그 레시피를 설계한 사람과 물 붓는 방법이 많이 다르기 때문이다. 레시피에 나온 물 붓는 간격과 시간을 따라 적절한 비율로 어느 정도 균형 잡힌 커피를 추출할 수는 있다. 하지만 레시피를 더 정확히 재현하기 위해서는 물 붓는 방법을 면밀히 살펴봐야 한다.

물줄기 조절을 깊이 이해하고 있으면 같은 레시피로도 다른 커피를 만들어낼 수 있다. 더 나아가 세상에 하나뿐인 자신만의 커피 레시피를 만들 수 있다. 이어지는 내용에서 물줄기 조절이 커피 맛에 어떤 영향을 주는지 알아보자.

커피의 추출력과 질감을 조절하는 물줄기

물줄기는 커피의 추출력과 질감에 영향을 끼친다. 더 쉬운 이해를 위해 가는 물줄기와 굵은 물줄기 양극단으로 나눠서 살펴보자.

물줄기 굵기	커피의 추출력	커피의 질감
가늘다	높다	강렬하다
굵다	낮다	편안하다

물줄기에 따른 커피의 추출력과 질감

{ 물줄기에 따른 커피의 추출력과 질감 }

표의 내용처럼 가는 물줄기로 물을 부으면 추출력은 높아지고 질감은 강렬하게 표현된다. 반대로 물줄기를 굵게 조절하면 추출력은 낮아지고 질감은 편안하게 표현된다. 직관적이고 쉬운 내용이다.

레시피의 영역에서 추출력에 관련된 변수는 분쇄도와 물 온도, 물 붓는 간격이다. 그리고 기술의 영역에서는 물줄기가 있다. 커피의 추출력은 이 변수들의 상호보완을 통해 만들어진다. 레시피를 올바르게 적용하기 위해서는 물줄기 조절을 고정 변수로 두어야 한다. 그래야 레시피 조절에 따른 향미 변화를 더 직관적으로 알 수 있다.

그렇다면 커피는 왜 물줄기에 따라 다르게 표현될까? 원리는 단순하다. 물줄기로 인한 교반의 정도에 따라 추출력이 달라지기 때문이다. 같은 양의 물을 붓는다고 가정해보자. 가는 물줄기를 사용하면 더 많은 횟수를 돌리며 물을 붓게 되고, 굵은 물줄기를 사용하면 더 적은 횟수를 돌리며 물을 붓게 된다. 시간당 흘러나오는 물의 양은 물줄기 굵기에 따라 다르다. 이때 돌리는 횟수에 따라 드리퍼 내부에서 휘저어지는 정도, 즉 교반의 정도가 달라지면서 커피 추출에 영향을 준다. 당연한 이치로 횟수를 많이 돌리면 교반이 많이 일어나 추출력이 올라가고, 적게 돌리면 교반이 적게 일어나 추출력이 내려간다.

물론 추출력은 물 온도와도 연관이 깊다. 온도가 높으면 추출력이 높고, 온도가 낮으면 추출력이 낮다. 온도를 통한 추출력 증가는 이해가 쉽다. 일상에서 쉽게 경험할 수 있기 때문이다. 대표적으로 차는 높은 온도에서 우리면 더 많은 성분을 추출할 수 있고, 낮은 온도에서는 더 적은 성분이 추출된다. 반면 물줄기를 통한 추출력 조절은 온도가 갖고 있는 추출력과 상호 보완적인 이해가 있어야 한다.

예를 들어 사용하는 커피의 로스팅 정도에 필요 이상으로 높은 온도의 물을 사용할 수밖에 없다면, 물을 한 곳에 집중적으로 붓는 센터 푸어만 사용해도 추출력은 충분할 것이다. 물줄기를 통한 교반 없이 뜨거운 물만으로 충분한 향미가 추출될 수 있기 때문이다. 요즘 많이 볼 수 있는 센터 푸어 브루잉 레시피에는 이런 원리가 적용되어 있다. 물론 분쇄 조건과 드리퍼 구조를 함께 생각해서 레시피를 만들어야 한다.

커피를 내릴 때 너무 많은 변수를 조절하려 하는 것은 효율적이지 않다. 필자는 이런 설명을 통해 독자들이 커피 추출에 관련이 깊은 변수들에 대해 생각하고 이해하길 바란다. 물줄기 조절이 추출력과 관련이 있고 질감에 영향을 준다는 사실을 알았다면, 물줄기 조절을 통한 물 붓기는 수준급이 될 때까지 단련해보자. 물줄기라는 변수를 고정하면 레시피를 통한 맛 조절이 더 수월해진다. 반복하면 할수록 기술은 능숙해질 것이고, 그러고 나면 추구하는 커피에 맞게 레시피에 있는 변수만 바꾸면 되기 때문이다.

물줄기 조절과 함께 일정해야 하는 것은 물을 붓는 높이다. 필자가 권장하는 것은 높낮이 조절을 거의 하지 않고 일정한 높이를 유지하는 것이다. 그래야 설정한 물 온도에 알맞은 추출이 가능하다. 높낮이가 많이 차이 나면 물이 설정한 온도로 주입되기 어렵다. 높이 차이가 클수록 공기와 물이 닿는 면적이 늘어나며 물 온도가 떨어지기 때문이다.

이런 원리로 인해 물줄기 조절에 따라 동일한 레시피로도 다른 커피가 만들어진다. 필자가 좋아하는 '단맛'을 예로 들어보겠다. 가는 물줄기는 단맛을 강렬하게, 굵은 물줄기는 편안하게 표현한다. 다만 이때 물줄기를 양극단으로 설명한 것만 생각해서는 안 된다. 극단적으로 가는 물줄기와 극단적으로 굵은 물줄기 사이에는 매우 다양한 굵기가 존재한다. 같은 드립포트를 사용해도 조절의 정도에 따라 흘러나오는 물줄기의 굵기는 다양하다. 이 점을 반드시 고려해야 한다. 무지개를 일곱 가지 색으로 구분해서 말하지만, 그 색상들 사이에는 채도의 다양함이 존재하는 것과 비슷하다. 각자의 퍼스널 컬러 즉, 자신에게 맞는 고유의 색상이 있듯 물줄기도 마찬가지다.

굵은 물줄기와 가는 물줄기

그래서 두 명의 바리스타가 똑같은 레시피와 추출의 3도, 온도, 비율로 커피를 내린다고 해도 두 사람의 물줄기 조절이 다른 이상 위와 같은 이유로 커피 맛이 다르게 표현된다. 여기서 필자는 편안하다는 표현에 긍정과 부정의 의미를 두지 않았다. 때로는 강렬한 것이 좋을 수도, 때로는 편안한 것이 좋을 수도 있다. 또 물줄기 조절은 각자의 취향과 커피를 내릴 때의 컨디션에 따라 달라질 수도 있다. 여기서도 중요한 것은 각자가 추구하는 커피다. 물줄기도 추구하는 커피에 맞게 조절되어야 한다. 자신의 커피를 표현하기 적합한 고유의 물줄기를 찾는 것은 브루잉의 또 다른 즐거움이다.

{ 나만의 물줄기를 찾는 방법 }

나만의 레시피를 만들기 위한 물줄기는 어떻게 조절해야 할까? 추구하는 커피를 정했다면 물론 많이 내려보는 게 가장 좋은 방법이다. 하지만 물줄기 조절에 따른 커피 향미 변화를 대략적으로 알고 추출하면 더 효율적인 접근이 가능해진다. 이번에는 물줄기 조절 방법을 더 자세히 알아보고 각자가 추구하는 커피에 맞는 물줄기를 스스로 찾아보자.

물줄기 굵기와 유량, 물 붓는 속도는 커피 추출과 다음과 같은 상관관계가 있다. 기본적으로 물줄기가 가늘면 유량은 적고 속도는 느리다. 반대로 물줄기가 굵으면 유량은 많고 속도는 빠르다. 하지만 이는 지극히 기본적인 사항일 뿐 물을 붓는 방법은 훨씬 다양하다. 예를 들어, 물줄기를 가늘게 하고 서클 푸어 속도를 높일 수 있다. 또 반대로 물줄기를 굵게 하고 서클 푸어 속도를 줄일 수 있다. 전자의 경우 가는 물줄기의 빠른 교반으로 인한 강한 추출과 드리퍼 내부에 물이 빠르게 차오르며 발생한 침지 추출이 균형을 이룰 것이고, 후자는 굵은 물줄기의 느린 교반으로 인한 편안한 추출과 드리퍼 내부에 물이 늦게 차오르며 발생한 침지 추출이 균형을 이룰 것이다.

질감의 강렬함 혹은 편안함에 대한 호불호는 사람마다 갈린다. 이는 단순히 긍정과 부정으로 분류할 수 없다. 긍부정의 의미를 두지 말고 물줄기에 따라 표현되는 맛의 정도를 직관적으로 이해하길 바란다.

굵기	유량	속도	추출력	질감
가늘다	적다	느리다	높다	강하다
굵다	많다	빠르다	낮다	편안하다

물줄기의 굵기, 유량, 속도에 따른 추출력과 질감의 변화

표 내용을 활용해 자신에게 맞는 물줄기를 찾으려면 먼저, 스스로 익숙한 물줄기로 커피를 내려보자. 그리고 추출된 커피 맛을 보며 표현하고 싶은 커피를 떠올려보자. 좀 더 강렬하길 원한다면 더 가늘고 적은 유량으로 느리게 물을 붓는다. 좀 더 편안하길 원한다면 더 굵고 많은 유량으로 빠르게 물을 부어보자. 필요에 따라 드립포트를 바꾸는 것도 방법이다. 이런 기준이 명확히 서 있다면 드립포트도 그에 맞게 선택할 수 있게 된다.

드리퍼에 대한 이해

{ 6 }

¶ "드리퍼에 따른 레시피 설계는 구조에 대한 이해에서 시작한다."
세상은 끊임없이 발전하고 책을 읽고 있는 지금도 드리퍼는 계속해서 개발되고 있다. 필자가 이 책을 계획하고 집필하는 중에도 새로운 드리퍼가 출시됐다. 지금의 시대는 새로운 드리퍼가 나올 때마다 그에 맞는 브루잉 방법을 찾으라고 사람들을 부추기는 것만 같다. 하지만 제품이 개발되는 속도가 너무 빠르다 보니 하나의 드리퍼도 온전히 숙지하지 못한 채로 다른 드리퍼를 접하게 되는 경우가 생각보다 많다. 새로운 드리퍼는 앞으로도 계속 개발될 테니 사용해 본 드리퍼보다 그러지 못한 드리퍼의 수가 점점 많아질 것이다. 그럼, 이렇게 무수한 드리퍼를 어떻게 사용해야 할까? 그 많은 드리퍼에 맞는 레시피를 언제 다 설계할까?

답은 간단하다. 로스팅 정도에 따른 표준 브루잉 레시피 설계 그리고 지금부터 살펴볼 드리퍼의 구조에 따른 추출 성향 차이를 이해한다면, 새로운 드리퍼가 계속 출시되어도 각자가 추구하는 커피에 맞게 자신만의 방법으로 레시피를 설계할 수 있다.

필자는 효율적이고 쉬운 레시피를 추구한다. 레시피는 어렵지 않아야 다시 사용하고 싶어진다. 특별한 기술이 있어야 구현할 수 있는 레시피는 그것을 설계한 바리스타의 것이기 때문에 다른 사람이 따라 하기가 어렵다. 특히 물줄기 기술에 영향을 받는 레시피라면 더욱 그렇다.

세상에 가장 좋은 드리퍼란 없다. 자신이 좋아하고 원하는 커피를 가장 잘 표현해주는 드리퍼가 있을 뿐이다. 그래서 드리퍼의 구조를 잘 이해하는 게 중요하다. 드리퍼의 구조에 대한 이해가 선행돼야 스스로 표현하고 싶은 커피에 어울리는 드리퍼를 찾을 수 있다.
드리퍼가 투과식인지 침지식인지, 투과식이라면 코니컬인지 플랫인지, 리브가 있는지 없는지, 형태가 어떤지, 또 그 구조에 맞는 필터는 무엇이며 그 필터로 커피가 어떻게 필터링되는지 등을 잘 이해해야 한다.

여기서도 가장 중요한 것은 '내가 표현하고 싶은 커피'다. 이를 간과하고 새로 나온 드리퍼에만 열광하고, 드리퍼에 따른 커피 맛의 차이만 파고 있다면 수없이 쏟아지는 제품들 속에서 표류하기 쉽다. 자기 자신보다 드리퍼가 위에 있어서는 안 된다. 커피를 하면서 가장 중요한 것은 나 자신이라는 사실을 기억하자.

이쯤에서 스스로 추출하고 싶은 커피를 다시 한번 떠올려보자. 필자가 추구하는 커피를 기억하는가? 바로 '단맛을 중심으로 밸런스가 좋은 커피'다. 필자는 어떤 드리퍼를 사용하든 이러한 커피를 추출하는 것을 목표로 두고 레시피를 설계한다. 아직 내가 어떤 커피를 추출하고 싶은지 정하지 못했다면 그 커피를 찾을 때까지 필자가 제시하는 방법대로 추출해보자. 필자의 추출 방법과 과정을 학습하며 맛을 보고 내가 추출하고 싶은 커피를 정해보자.

드리퍼에 따라 정말 맛이 다를까?

그렇다. 드리퍼에 따라 커피 맛은 정말 다르다. 세상에 이렇게나 다양한 드리퍼가 존재하는 이유다. 각 드리퍼의 설계자들이 생각하는 가장 이상적인 커피가 직접 제품을 만들기 전에는 찾을 수 없었기 때문이라고 할까? 이는 실제로 드리퍼 개발자들이 인터뷰에서 하는 말이기도 하다. 그만큼 드리퍼에 따라 표현되는 커피 맛은 제각각이다. 어떤 드리퍼들은 차이의 정도가 크고, 어떤 드리퍼들은 미묘한 수준이다. 덧붙여 드리퍼에 따른 커피 향미 표현은 해당 드리퍼가 개발된 시대를 반영하기도 한다.

요즘 같은 스페셜티 커피의 시대에는 이에 걸맞은 드리퍼가 출시되고 있다. 그럼, 이 시대에 맞는 드리퍼란 무엇일까? 최근의 스페셜티 커피들은 놀라운 발전을 보이고 있다. 특히 주목해야 할 것은 가공 방식의 비약적인 발전이다. 예전에는 워시드, 내추럴 정도였다면(물론 브라질의 펄프드 내추럴, 코스타리카의 허니 프로세스 등도 있지만) 최근 몇 년 전부터는 이산화탄소를 이용해 발효 시간을 조절하는 카보닉 매서레이션carbonic maceration, 산소가 없는 상태에서 발효 시간을 조절하는 무산소 발효anaerobic, 발효 시 효모를 첨가하는 효모 발효, 실제 과일이나 향신료들을 같이 넣고 발효하는 인퓨즈드infused 등 다양한 가공 방법이 등장하면서 이전에는 없었던 화려하고 복합적인 열대과일의 향미가 담긴 스페셜티 커피를 심심치 않게 만나볼 수 있게 됐다.

{ 다양한 커피 발효 방법 }

카보닉 매서레이션
발효통에 이산화탄소를 주입하고 산소량을 조절하여 발효하는 방식

무산소 발효
발효통 내 산소를 차단하여 최소한의 산소로 발효하는 방식

효모 발효
발효 과정 중 효모를 투입해 효모의 성질이 함께 발현되도록 하는 방식

인퓨즈드
발효 과정 중 실제 과일이나 향신료 등의 부재료를 넣어 그 재료의 향미가 커피에 배이도록 하는 방식

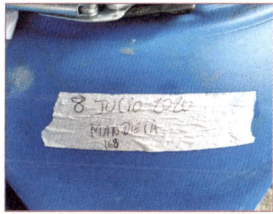  

콜롬비아 카페 그랑하 농장의 무산소 발효 (사진 제공: 엠아이커피)

콜롬비아 코피넷 농장의 인퓨즈드 가공 (사진 제공: 엠아이커피)

이런 커피들은 특유의 향미를 표현해내는 게 관건이라 추출 속도가 빠른 드리퍼가 더 적합하다. 추출 속도가 빨라야 섬세한 향미들이 잘 표현되기 때문이다. 추출 시간이 길면 섬세한 향미들이 긴 시간 추출된 향미들에 가려진다. 어렵고 복잡한 발효를 거친 커피의 개성을 묻혀버리는 것이다. 그래서 최근 개발되는 드리퍼들을 보면 추출 속도가 매우 빠르게 설계된다. 심지어 필터까지 빠른 추출 속도를 보장해주는 형태로 나오고 있다. 스페인 시바리스트Sibarist 사의 패스트fast 필터가 대표적이다.

적은 양의 원두로 충분한 향미를 추출할 수 있는 드리퍼들도 고개를 들고 있다. 이 또한 스페셜티 커피 재배와 가공 방식의 발전으로 커피 한 알에 전보다 더 충분한 향미가 담기기 때문으로 볼 수 있다. 잘 익은 커피와 그렇지 않은 커피 중 잘 익은 커피에 더 많은 향미가 담기는 것은 당연하다. 게다가 향미를 증폭시키는 발효를 거친 커피와 그렇지 않은 커피라면? 붉게 잘 익은 커피 체리만을 핸드픽으로 수확하여 특별한 가공을 거치고 섬세하게 로스팅한 10g의 커피는 이렇게 생산되지 않은 10g의 커피와는 향미 품질이 다를 수밖에 없다. 이러한 트렌드를 반영해 최근에는 10g의 원두만으로도 효율적인 커피 추출이 가능한 드리퍼들이 출시됐다. 타라치네 코니컬 30, 카펙 딥 27 등이 그렇다. 이는 전부 스페셜티 커피 시대를 반영하여 탄생한 드리퍼들이다.

그럼 과거는 어땠을까? 과거에는 이렇게 스페셜티 커피가 발전되어 있지 않았다. 그렇다고 해서 커피가 맛이 없었다는 것은 아니다. 우리가 이 장을 통해 알아야 할 것은 과거에는 그 시대에 맞는 드리퍼가 있었다는 것이다. 예를 들어 필자가 가장 애정하는 도구인 케멕스가 그렇다. 케멕스는 2차 세계대전 당시에 개발됐다. 그 시대의 커피가 오늘날과 같지 않았음은 당연하다. 좀 더 자세히 이야기하자면 그땐 지금과 같은 라이트 로스팅 커피도(있었다고 해도 매우 희귀하여 잘 알려지지 않은), 핸드픽으로 잘 익은 커피만 하나씩 따서 수확하는 경우도 없었다(역시 있었다고 해도 경제적인 이유로 상용화되기는 어려운). 그 시대의 좋은 커피는 어느 정도 잘 볶아진 커피일 뿐이었을 것이다. 잘 볶아졌더라도 라이트 로스팅은 기대할 수 없다. 로스팅 정도는 로스터가 추구하는 커피에 따라 결정하는 부분이지만 기본적으로 생두의 품질이 따라줘야 하기 때문이다. 앞에서도 언급했지만 결점이 많이 느껴지는 커피는 라이트 로스팅을 할 수 없다. 그런 커피는 일정 수준 이상 로스팅을 진행해야 한다. 이처럼 평균 로스팅 정도가 높았던 이 시대의 드리퍼는 추출 속도가 빨라서는 안됐다. 보통 속도가 빠르면 곱게 분쇄해야 향미 프로파일을 맞출 수 있는데, 로스팅이 어느 정도 진행된 커피를 곱게 분쇄하면 쓴맛이 필요 이상으로 많이 나오므로 충분한 굵기로 분쇄해야 맛있다고 여길 만한 커피가 추출된다. 앞에서 분쇄가 너무 굵으면 커피 맛이 밍밍할 수 있다는 말을 기억하는가?

여기서 이 시대 드리퍼들의 추출 메커니즘을 짐작할 수 있다. 일단 추출의 첫 단추인 그라인딩을 먼저 생각해보자. 당시는 지금처럼 그라인더가 발전하지 않았다. 지금의 시대에는 핸드밀로 분쇄해도 입자 크기가 일정하지만, 과거에는 분쇄 입자의 크기가 일정하지 않았다. 분쇄 입자는 크기마다 추출되는 정도가 달라서 의도보다 고운 입자에서는 과다추출이, 의도보다 굵은 입자에서는 과소추출이 일어난다.

이 시대의 커피는 의도한 크기의 입자와 의도하지 않은 크기의 입자에서 추출되는 성분들의 교차 지점. 즉, 과다와 과소가 밸런스 있게 혼합되어 추출되어야 했다. 이런 분쇄 조건이라면 추출 속도는 느려야 한다. 그래야 드리퍼 내부에서 침지가 충분히 일어나며 과다와 과소가 만나는 지점에 맞춰 커피가 밸런스 있게 추출되기 때문이다. 좀 더 구체적으로 생각해보자.

{ 입자 크기에 따른 추출 시간 }

투과식 추출이어도 충분한 침지 시간이 주어지면 과다와 과소의 밸런스를 맞춰 추출할 수 있다. 드리퍼 설계자는 이러한 시대적 환경에 맞춰 드리퍼의 추출 속도를 느리게 설계하기 마련이다. 그래야 굵은 입자에서 녹아져 나오는 커피 향미들을 적절한 추출 시간으로 충분히 담을 수 있고, 서로 다른 크기의 분쇄 입자로 인한 추출 편차를 최소화할 수 있다.

입자가 크면 커피 성분이 추출되는 데 더 오랜 시간이 걸린다. 추출 시간이 2분으로 동일한 경우
입자가 큰 커피는 성분이 덜 추출되고, 입자가 작은 커피는 성분이 충분히 추출된다.
따라서 입자가 작으면 과다추출, 입자가 크면 과소추출된 맛이 느껴진다.
두 가지 크기의 입자에서 추출된 맛들이 어우러지면 밸런스 있는 향미로 느껴진다.

이러한 이유로 과거와 현재의 적절한 추출 시간은 다를 수밖에 없다. 분쇄 입자의 크기가 일정하면 성분이 추출되는 시간이 대체로 비슷해 추출 시간이 비교적 짧아도 괜찮다. 반대로 입자 크기가 다양하면 추출 시간은 길어져야 한다. 그래야 향미의 밸런스가 맞기 때문이다. 이렇게 추출되는 커피들은 맛이 부드럽고 묵직하다. 추출 속도가 느린 도구 중 하나인 케멕스의 개발자 피터 쉴럼봄 Peter Schlumbohm 박사도 그 시대의 커피를 맛있게 내릴 수 있는 도구를 만들고 싶었을 뿐, 일부러 추출 속도가 느린 드리퍼를 만든 건 아닐 것이다. 실제로 케멕스뿐만 아니라 그와 동시대 또는 스페셜티 커피가 발전하기 전까지의 드리퍼들은(ex. 멜리타, 칼리타) 침지가 충분히 되며 추출되는 형태가 주를 이룬다.

시간이 흐르며 커피 재배 환경 및 기술이 향상되고, 여기에 맞게 로스팅 기술이 발전했다. 이에 분쇄 기술도 일정한 크기로 커피를 분쇄해 향미를 일관적이고 또렷하게 만들 수 있는 수준으로 발전했다. 드리퍼 또한 이러한 흐름에 맞는 형태로 개발되며 오늘날에 이르렀다. 지금 시대는 어찌 보면 '스페셜티 커피의 르네상스'다. 다양한 커피와 드리퍼만큼 많은 커피 마니아가 있다. 이런 시대에 책을 통해 드리퍼에 대한 내용을 전달할 수 있어 참 기쁘다.

결론적으로 드리퍼에 따른 브루잉 레시피를 설계하기 위해서는 드리퍼의 구조를 잘 이해해야 한다. 그 구조는 당시 시대와 설계자들의 취향을 반영하기 때문이다. 드리퍼를 선택하고 레시피를 만들기 전에 이 같은 생각을 먼저 해보면 레시피 설계에 도움이 될 것이다.

"이 드리퍼는 언제 만든 것일까? 왜 이렇게 만들어졌을까?"

{ 투과식 & 침지식 드리퍼 }

드리퍼의 본질은 물질의 흐름과 관계가 깊은데, 이 흐름의 성향을 만드는 것이 바로 드리퍼 내부의 구조다. 잘 알려진 드리퍼의 두 가지 형태인 투과식과 침지식을 예로 들어 설명하겠다.

투과식

투과식은 분쇄 커피에 물이 통과하며 추출이 되도록 고안한 드리퍼다. 물의 흐름을 만드는 형태와 구조가 다양해 출시된 제품의 종류가 가장 많다. 그만큼 구조에 대한 이해가 가장 중요한 드리퍼다.

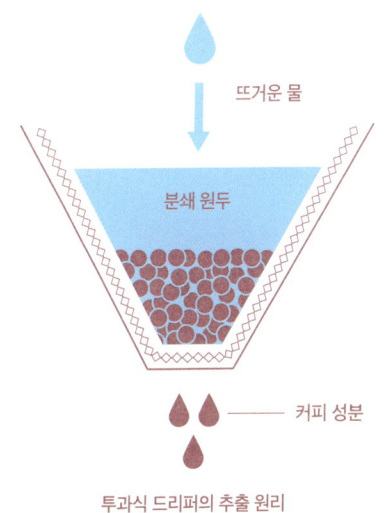

투과식 드리퍼의 추출 원리

투과식 드리퍼에 물을 부으면 분쇄 커피가 적셔지며 용해 가능한 성분이 녹아 나와 커피가 추출된다. 이때 추출된 커피 성분의 특징은 드리퍼의 형태에 따라 정해진다. 드리퍼에 리브가 많아 물이 빠르게 흐르면 커피와 물의 접촉 시간이 짧아 성분을 추출하는 시간도 짧아지고, 그에 따라 이 조건에 맞는 커피 성분이 추출된다. 이런 경우라면 추출 속도가 빨라도 커피 향미가 부족하지 않도록 원두를 곱게 분쇄해야 한다.

같은 투과식이라도 리브가 없거나 많지 않아서 물이 느리게 흐른다면 이에 맞는 성분이 추출된다. 이 경우 느린 추출 속도에서 커피 향미가 너무 과하게 추출되지 않도록 굵게 분쇄하는 게 일반적이다. 여기서 잠시, 필자가 말하는 분쇄의 굵고 고움은 사람에 따라 상대적이라는 것을 한번 더 명시한다. 나의 고운 분쇄가 누군가에게 곱지 않을 수 있고, 나의 굵은 분쇄가 누군가에게는 굵지 않을 수 있다.

중요한 것은 분쇄도에 상대적 차이가 있어도 투과식 드리퍼의 성향에 따라 향미가 부족하면 좀 더 곱게 분쇄해야 하고, 향미가 과하면 좀 더 굵게 분쇄해야 한다는 것이다. 필자가 거듭 강조 중인 상대성을 꼭 기억하자. 이런 시각을 갖고 있으면 커피 추출을 좀 더 폭넓게 이해할 수 있다.

투과식 드리퍼의 형태는 코니컬형과 플랫형으로 나뉜다. 형태에 따라 코니컬형 구조는 커피 향미를 중심으로 추출되고, 플랫형 구조는 바디와 마우스필을 중심으로 추출된다. 이런 형태에 따른 향미 발현의 차이는 물의 무게로 생기는 추출력의 차이에 기인한다. 따라서 두 가지 형태 모두 물의 무게를 조절하는 게 핵심이다.

코니컬형 구조는 무게가 하단 중심에 집중된다. 이때 물을 계속 부으면 하단 중심에 물의 무게가 실리면서 압력이 높아지고 추출력이 올라간다. 따라서 코니컬형 드리퍼는 하단 중심에 있는 입자의 추출력이 올라가기 때문에 향미 부분이 강조되어 추출된다.

하단 중심의 압력이 높아지는
코니컬형 드리퍼

하단 전체의 압력이 높아지는
플랫형 드리퍼

플랫형 구조는 무게가 하단 전체에 집중된다. 이때도 마찬가지로 물을 계속 부으면 하단 전체에 물의 무게가 실리면서 압력이 높아져 추출력이 올라간다. 이렇게 플랫형 드리퍼는 추출되는 순간 하단 전체 입자의 추출력이 올라가 바디와 마우스필이 강조된다.

다음으로 드리퍼의 리브는 향미의 선명도와 관련이 깊다. 리브가 있으면 추출 속도가 더 빠르기 때문에 호도 현상이 적어 향미가 선명해지고, 리브가 없으면 추출 속도가 느려져 호도 현상이 많이 일어나고 그 결과 선명도가 다소 떨어진다. 이런 속도 차이가 발생하는 이유는 리브에 닿는 필터 면의 압력이 내려가며 공기의 흐름이 원활해지기 때문이다. 추출구에 필터가 닿을 때도 이 같은 현상이 일어난다. 추출구 주변에 닿는 필터 면의 압력이 내려가 커피액이 흘러나오는 것이다.

리브의 위치와 형태도 중요하다. 리브가 하단에만 있다면 리브의 윗부분은 느린 추출을 의도한 것이고 리브가 있는 하단은 빠른 추출을 의도한 것이다. 또한 리브가 위에서 아래로 길게 뻗어 있다면 물이 얼만큼 차서 올랐는지와는 상관 없이 빠른 추출을 의도한 것이고, 리브의 형태가 나선형이라면 빠른 속도, 직선형이라면 더 빠른 속도를 의도한 것이다.

침지식

침지식 드리퍼는 분쇄 커피가 물에 잠긴 상태에서 추출되는 형태다. 분쇄 커피가 물에 잠겨서 추출되는 매우 단순한 원리로, 제품의 종류는 투과식보다 적다.

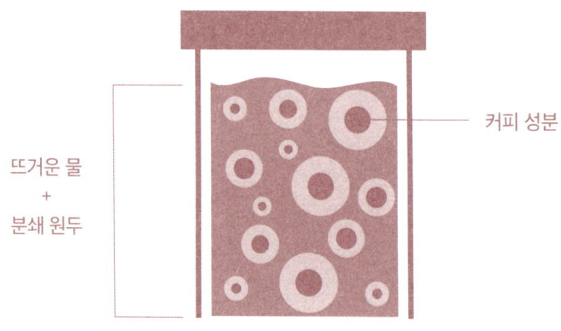

침지식 드리퍼의 추출 원리

침지식은 투과식 드리퍼와는 반대 성향을 지니는데, 추출되는 방법과 과정이 비교적 단순해서 이해하기 쉽다. 침지식 드리퍼를 이용하면 커피 입자가 물에 완전히 잠긴 상태로 추출되어 향미가 부드럽고 무겁다. 침지로 추출되며 커피 맛들이 호도되고 물에 녹지 않는 불용성 고형물이 많이 담기기 때문이다.

침지식의 경우 커피 입자가 물과 접촉하는 시간이 투과식보다 길어 분쇄를 어느 정도 굵게 해야 한다. 그래야 물과 오래 접촉해도 과도한 쓴맛 등의 부정적인 맛이 나오지 않는다. 침지식인데도 커피를 곱게 분쇄하기도 하는데, 이 경우 향미를 효율적으로 추출하기 위해 교반 스틱으로 분쇄 커피를 고르게 섞어준다. 침지 후 빠른 추출을 위해 공기의 압력을 사용하는 방식도 있다.

최근에는 투과식 드리퍼 하단에 커피를 침지시킬 수 있는 특수 장치를 달아 투과식과 침지식의 장점을 모두 활용할 수 있는 하리오 스위치 같은 드리퍼도 출시됐다. 이는 투과와 침지를 겸

용으로 사용하거나, 초반에는 커피를 침지시키고 후반에는 투과시켜서 물과 커피가 접촉하는 시간을 원하는 향미가 표현되는 순간에 맞게 조절하는 방식으로 활용된다.

새로운 드리퍼가 물밀듯 출시되는 지금의 시대에 독자들이 꼭 기억해야 할 점은 새로운 드리퍼가 나오더라도 커피 추출의 본질적인 원리는 변하지 않는다는 것이다. 이런 이해가 깊으면 깊을수록 신제품이 나왔을 때 그 드리퍼의 제작 배경을 파악하고 효율적으로 사용할 수 있다. 물론 각자의 스타일에 따라 응용하는 것도 가능하다.

가장 기본이자 본질은 드리퍼의 구조에 대한 이해다. 드리퍼의 구조는 커피가 추출되는 성향과 연관이 깊다. 드리퍼의 구조는 제작자가 추출하고 싶은 커피에 맞게 설계된 것이다. 드리퍼에 따른 레시피를 정할 때는 추구하는 커피에 맞는 드리퍼의 구조와 추출의 3도, 시간, 비율을 고려해야 한다. 추가로 더 일관적인 추출을 위해서는 효율적이며 체계적인 물 붓기 방법을 적용해야 한다.

투과식 드리퍼의
물 붓기 공식과 레시피

{ 7 }

투과식 드리퍼는 앞서 설명했듯 분쇄 입자에 물이 통과하며 추출이 되도록 고안한 드리퍼다. 핸드드립을 떠올리면 머릿속에 그려지는 장면은 대부분 투과식 드리퍼에 드립 포트로 물을 붓고 있는 모습일 것이다. 이렇듯 드리퍼에 물을 붓는 것은 커피를 추출하는 대표적인 과정이며, 추출 이론에 대한 이해와 함께 매우 중요하다.

브루잉 초심자에게 종류가 가장 많은 투과식 드리퍼의 레시피를 좀 더 쉽고 직관적으로 알려주기 위해 필자가 고안한 방법은 드리퍼에 물을 각 로스팅 정도에 알맞게 나눠 붓는 물 붓기 공식을 만든 것이다. 여기서 제안하는 기본적인 물 붓기 공식들을 이해하고 활용하면 투과 방식에 속하는 어떤 드리퍼라도 활용할 수 있다.

규칙적인 물 붓기 공식에 따라 브루잉하면 물줄기 조절의 일관성도 기를 수 있다. 이렇게 일관성을 훈련하면 브루잉 레시피를 설계할 때 최소한의 변수로 커피 향미를 조정할 수 있게 된다. 해당 로스팅 정도에 맞게 물을 붓는 과정과 방법은 고정되어 있기 때문이다. 여기서 소개하는 물 붓기 공식은 독자들이 외우기 쉽도록 고안하였다. 실용서에 걸맞게 학습 후에 바로 사용하기 좋을 것이다.

{ 물 붓기 공식이 적용된 후 커피 추출 프로세스 }

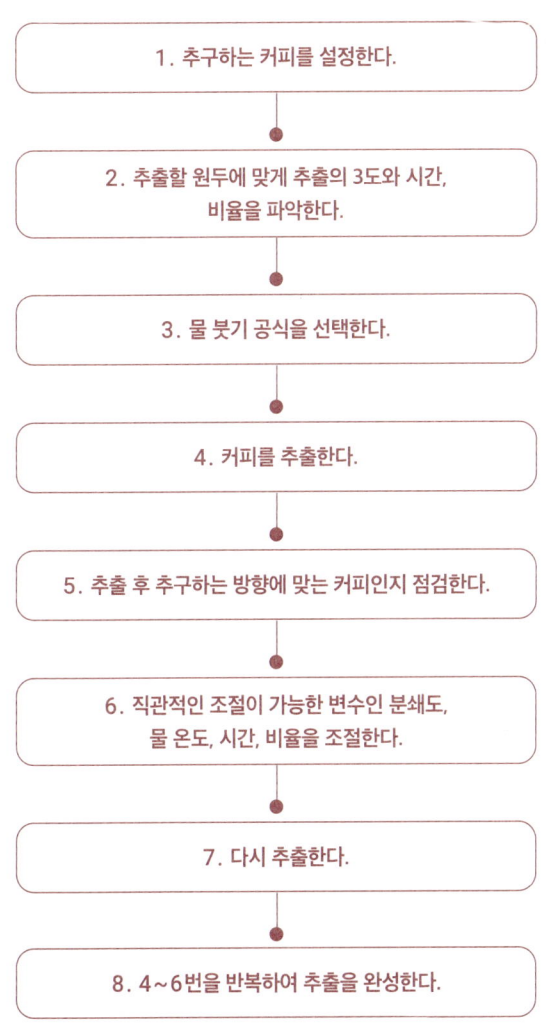

지금부터 설명하는 물 붓기 공식은 앞서 소개한 브루잉 레시피 설계의 밑그림인 [표준 브루잉 레시피 설계]를 바탕으로, 물 붓는 양과 방법을 더 구체적으로 정리한 내용이다. 물 붓기 공식은 로스팅 정도에 따라 세 가지로 만들었다.

라이트 로스팅 물 붓기 공식과 레시피
미디엄 로스팅 물 붓기 공식과 레시피
다크 로스팅 물 붓기 공식과 레시피

스페셜티 커피의 활용도가 높은 라이트 로스팅 파트에 물 붓기 공식에 대한 전반적인 설명을 자세히 풀어 놓았고, 미디엄과 다크 로스팅에서 중복되는 설명은 중략했다. 각 로스팅 정도에 맞게 권장하는 드리퍼의 레시피를 일반적으로 많이 사용하는 두 가지 사이즈인 2~4인용과 1~2인용으로 나눠 HOT과 ICE를 함께 안내한다.

투과식 드리퍼의 두 가지 형태인 코니컬형과 플랫형은 같은 양의 물을 부어도 리브의 유무에 따라 드리퍼에 물이 차오르고 내려가는 속도가 다르다. 형태와 속도의 차이로 인해 추출된 커피의 맛도 다르다. 물 붓기 공식은 이런 차이를 고려해 각 형태의 특징에 맞게 두 가지로 구성했다.

라이트 로스팅 물 붓기 공식

라이트 로스팅의 물 붓기 공식은 유속이 빠른 드리퍼를 중심으로 알아본다.

라이트 로스팅에 적합한 코니컬형 드리퍼
하리오 V60, 오리가미

라이트 로스팅에 적합한 플랫형 드리퍼
오레아 V3, 에이프릴

{ 라이트 로스팅 물 붓기 공식 코니컬형 (HOT) }

물 붓기 공식	드리퍼 사이즈	도징량	물 총량	비율	
6-7-7-5-5	2~4인용	17~18g	300g	1:17.64	1:16.66
5-6-6-4-4	1~2인용	14~15g	250g	1:17.85	1:16.66

6-7-7-5-5

2~4인용 사이즈에 적합하다. 60g-70g-70g-50g-50g의 순서대로 총 300g의 물을 다섯 차례에 나눠 붓는다.

5-6-6-4-4

1~2인용 사이즈에 적합하다. 50g-60g-60g-40g-40g의 순서대로 총 250g의 물을 다섯 차례에 나눠 붓는다.

{ 라이트 로스팅 물 붓기 공식 코니컬형 (ICE) }

물 붓기 공식	드리퍼 사이즈	도징량	물 총량	비율	
6-7-7	2~4인용	17~18g	200g	1:11.76	1:11.11
5-6-6	1~2인용	14~15g	170g	1:12.14	1:11.33

6-7-7

2~4인용 사이즈에 적합하다. 60g – 70g – 70g의 순서대로 총 200g의 물을 세 차례에 나눠 붓는다.

5-6-6

1~2인용 사이즈에 적합하다. 50g – 60g – 60g의 순서대로 총 170g의 물을 세 차례에 나눠 붓는다.

{ 라이트 로스팅 물 붓기 공식 플랫형 (HOT) }

물 붓기 공식	드리퍼 사이즈	도징량	물 총량	비율	
5-8-7-5-5	2~4인용	18~19g	300g	1:16.66	1:15.78
4-7-6-4-4	1~2인용	15~16g	250g	1:16.66	1:15.62

5-8-7-5-5

2~4인용 사이즈에 적합하다. 50g - 80g - 70g - 50g - 50g의 순서대로 총 300g의 물을 다섯 차례에 나눠 붓는다.

4-7-6-4-4

1~2인용 사이즈에 적합하다. 40g - 70g - 60g - 40g - 40g의 순서대로 총 250g의 물을 다섯 차례에 나눠 붓는다.

{ 라이트 로스팅 물 붓기 공식 플랫형 (ICE) }

물 붓기 공식	드리퍼 사이즈	도징량	물 총량	비율	
5-8-7	2~4인용	18~19g	200g	1:11.11	1:10.52
4-7-6	1~2인용	15~16g	170g	1:11.33	1:10.62

5-8-7

2~4인용 사이즈에 적합하다. 50g - 80g - 70g의 순서대로 총 200g의 물을 세 차례에 나눠 붓는다.

4-7-6

1~2인용 사이즈에 적합하다. 40g - 70g - 60g의 순서대로 총 170g의 물을 세 차례에 나눠 붓는다.

소개한 공식의 물 붓는 양에 따라 그래프를 만들면 다음과 같다.

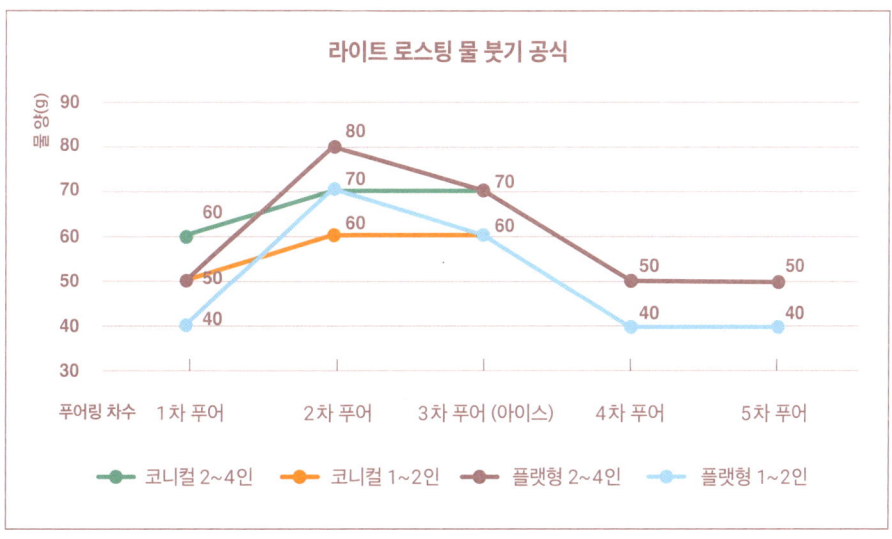

코니컬형과 플랫형의 물 붓기 공식 모두 전체 추출 중 1, 2, 3차 추출에서의 물 붓는 양을 많게 설정해 물의 무게로 드리퍼 내부의 압력을 높이고 커피가 침지되는 시간이 길어지도록 했다. 라이트 로스팅 커피는 이 구간의 침지 시간이 적당히 길어지면 산미가 부드러워진다. 그렇다고 해서 침지 시간을 너무 길게 가져가면 맛이 호도되므로 표현하고자 하는 정도의 적정한 침지 시간을 설정하는 것이 중요하다.

2차 추출의 물 양은 플랫형이 코니컬형에 비해 더 많은데, 이는 플랫형 드리퍼의 구조에 맞게 침지 시간을 충분히 갖기 위해서다. 라이트 로스팅 커피의 산미와 아로마를 잘 표현해주는 코니컬형은 추출 비율이 더 높다. 단맛과 바디가 잘 표현되는 플랫형은 추출 비율이 더 낮다.

4, 5차 추출은 후반부에 추출되는 성분의 비율을 조절하기 위해 적은 양의 물로 물의 무게를 낮춰서 드리퍼 아래로 향하는 압력의 크기를 줄였다. 이러한 다회차 추출 레시피 공식을 활용할 땐 라이트 로스팅이어도 분쇄도가 너무 곱지 않은 것이 좋다. 드리퍼에 물이 너무 오래 고이지 않고 내려갈 정도의 분쇄도라면 충분하다. 각 드리퍼에 따른 대략적인 분쇄도는 드리퍼별 상세 내용에서 다룬다.

물 붓는 시간의 간격은 35초를 기본으로 설정하지만, 추출된 커피의 맛을 보고 조절하도록 한다. 산미를 더 표현하고 싶다면 각 차수의 추출 간격을 30초 정도로 짧게 설정하고, 산미를 절제하고 싶다면 40초 정도로 길게 잡아보자. 변칙적으로 1차와 2차만 40초로 설정하고 이후는 30초 간격으로 추출해도 좋다. 시간이 길어지면 커피 성분이 많이 추출되고 짧아지면 적게 추출된다는 점을 기억하자.

추출 시간을 단축하기 위해 물 붓는 시간 간격을 30초 정도로 짧게 조절할 경우 온도는

94~95℃로 올릴 것을 권장한다. 시간이 짧아진 만큼 높은 온도로 추출력을 보완해주어야 밸런스 있는 커피를 추출할 수 있다. 물 붓는 시간 간격만 짧게 조절하면 커피 성분이 나오는 시간도 짧아져 과소 추출된다.

이렇듯 변수 조절은 각 요소의 상호 보완적인 부분을 고려하여 실시해야 한다. 커피 추출에서는 한 가지 변수 조절로 원하는 결과를 얻기 어렵다. 그 변수와 상호 보완하는 다른 변수도 조정해야 한다. 앞서 이야기했듯 변수 조정의 기준은 스스로 정한 맛의 기준이다. 맛의 기준이 모호하면 변수 조정의 기준도 모호해진다.

각 차수에 센터 푸어와 서클 푸어를 혼용해보자. 굵게 분쇄한다면 5차까지 모두 서클 푸어를 사용하고, 곱게 분쇄한다면 1~3차까지는 서클 푸어, 4~5차까지는 센터 푸어를 사용하길 권장한다. 서클 푸어는 교반이 더 많이 일어나 강한 추출이 이뤄지고 센터 푸어의 경우 교반이 상대적으로 적게 일어나 부드러운 추출이 진행된다. 이렇듯 각 물 붓기 방법으로 표현되는 커피 향미를 명확하게 파악하고 취향에 맞게 선택적으로 사용하자. 물 붓기 방법과 함께 물줄기 조절도 생각하자. 필자는 두 레시피 공식에 굵은 물줄기를 사용하길 권장한다. 라이트 로스팅 커피의 향미가 더 부드럽게 느껴질 것이다.

아이스 브루잉은 3차까지 물 붓기를 진행한다. 아이스 브루잉은 얼음이 녹으며 달라지는 농도의 밸런스가 중요한 커피다. 그래서 아이스 브루잉 커피가 맛있으려면 추출된 커피의 농도가 높아야 한다. 대개 실패한 아이스 브루잉 커피는 밍밍하게 느껴진다. 이런 관점에서 얼음은 커피 추출을 마치고 넣는 게 좋다. 얼음을 서버에 미리 넣으면 추출하는 동안 얼음이 녹아 커피가 연해지기 때문이다. 하지만 농도가 진한 것이 좋다고 해서 향미의 밸런스를 고려하지 않고 강하게만 추출하면 마시기가 힘들어진다. 농도가 높으면서 밸런스 좋은 커피를 내리려면 분쇄가 고와야 한다. 덧붙여 얼음으로 인해 커피의 온도가 내려가면 감각을 느끼는 최소한의 세기인 역치는 더 높아진다. 따라서 개인의 취향에 따라 원두 양을 1~2g 정도 늘리는 것도 좋다.

물 붓기 공식을 이용하면 앞서 소개한 드리퍼들 중 무얼 사용해도 추출 과정이 크게 다르지 않게 된다. 이러한 제조의 일관성은 커피를 내리는 사람의 피로도를 줄여주며, 규칙적이고 반복적인 물 붓기 훈련을 통해 커피 추출 기술을 향상할 수 있게 한다.

그럼, 라이트 로스팅 물 붓기 공식을 중심으로 HOT과 ICE 브루잉의 추출 과정을 알아보자. 추출 과정은 코니컬형과 플랫형에 모두 적용되며 각 드리퍼를 소개할 때 간략하게 안내하는 추출 과정보다 구체적으로 서술했다. 안내하는 드리퍼에 모두 해당되는 내용이니 꼼꼼히 읽어 숙지하도록 하자.

{ HOT 브루잉 추출 순서 }

1. 설정한 온도에 맞게 물을 끓인다.

2. 필터를 린싱한다.
  ㄴ. 린싱할 땐 물을 충분히 사용해 필터를 온전히 적신다. 그래야 필터가 드리퍼 벽면에 온전히 밀착되어 드리퍼의 리브를 온전히 사용할 수 있다.

3. 설정한 분쇄도로 분쇄를 진행한다.

4. 분쇄된 원두를 드리퍼에 담는다.

    ㄴ 이때 분쇄 입자가 벽면에 붙지 않도록 한다. 벽면에 입자가 붙으면 추출 효율이 떨어진다.

5. 드리퍼에 담긴 분쇄 입자의 수평을 맞춘다.

    ㄴ 수평을 맞출 땐 드리퍼를 들고 앞뒤로 살짝 흔든다. 분쇄 원두의 수평을 잘 맞춰야 추출이 고르게 진행된다. 수평을 맞추지 않으면 분쇄 입자들이 물과 접촉하는 시간이 동일하지 않아 추출이 고르게 이뤄지지 않는다.

6. 1차부터 추출을 시작해 알맞은 시간 간격으로 물을 붓는다.

    ㄴ 드립 포트로 물을 드리퍼에 붓기 바로 직전에 타이머를 켠다. 추출 시간은 물이 원두에 닿는 시간부터로 본다. 차수별로 설정된 양의 물을 분쇄 원두에 고르게 붓는다.

7. 서클 푸어는 물을 중앙에서 바깥으로 그리고 다시 가운데로 원을 그리며 진행한다.

    ㄴ 초심자는 설정된 물 양을 부을 수 있도록 속도와 굵기를 알맞게 조절한다.

8. 센터 푸어는 물을 가운데에만 붓는다.

    ㄴ 후반부 추출인 4~5차에서 드리퍼 안의 물이 잘 빠지지 않는다면 당황하지 말고 물을 한 곳에만 붓는 센터 푸어를 실시한다. 센터 푸어를 통해 서클 푸어를 했던 1~3차 추출과 추출력의 밸런스를 만드는 것이다. 분쇄도를 한 번에 잘 조정한다면 좋겠지만 초심자에겐 어렵기 때문에 알아두면 좋은 팁이 될 것이다.

9. ⑧과 반대로 물이 너무 잘 내려간다면 서클 푸어를 더 적극적으로 진행한다.

    ㄴ 적극적인 서클 푸어를 통해 추출력이 향상되어 마찬가지로 1~3차 추출과 밸런스가 맞게 된다. 서클 푸어와 센터 푸어는 선택적으로 사용하는 것이다.

10. 설정한 시간이 경과해도 드리퍼에 부은 물이 다 내려가지 않았다면 그 상태에서 추출을 중단한다.

ㄴ 이는 분쇄 입자가 사용하는 커피의 추출 가용 범위보다 곱게 분쇄된 경우다. 여기서 추출을 중단하면 분쇄가 고울 때 나타나는 추출의 특징인 높은 바디의 커피를 경험할 수 있다.

⑧~⑩에서 설명한 대로 생각처럼 추출이 되지 않았다고 해서 추출이 실패한 것은 아니다. 물론 목표로 한 커피와는 조금 다르겠지만, 위의 방법을 적용하면 커피를 맛있게 마실 수 있다.

11. 추출한 커피를 즐긴다.

ㄴ 다음 번에 더 향상된 커피를 추출하고 싶다면 커피 맛을 집중해서 보며 어떤 변수를 조절할지 구상해보자. 단, 물 붓기 공식은 고정한다.

{ ICE 브루잉 추출 순서 }

앞의 HOT 브루잉 추출 순서를 응용하되 아이스 레시피에 맞게 3차에 추출을 종료한 뒤 다음 과정을 진행한다.

1. 얼음을 가득 담은 잔을 준비한다.

2. 커피를 얼음이 담긴 잔의 벽과 얼음 사이로 따른다.

ㄴ 커피를 얼음 위로 따르면 얼음이 필요 이상으로 많이 녹는다.

3. 바 스푼(없을 경우 길이가 긴 스푼이나 스틱)을 잔의 벽면으로 돌려 얼음을 최소한으로 녹이며 커피를 차갑게 만든다.

ㄴ 얼음이 많이 녹으면 진한 농도로 추출한 커피도 금세 밍밍해진다. 얼음이 최소한으로 녹도록 하는 것이 핵심이다.

4. 잔을 잡고 있는 손으로 충분히 차가움을 느낄 정도로 돌린 후 얼음을 2~3알 더 담는다.

5. 빨대 혹은 입으로 커피를 바로 음용하며 즐긴다. 다음 추출을 위한 변수 조정도 생각해본다.

그럼 지금부터 라이트 로스팅 물 붓기 공식을 적용한 드리퍼들의 브루잉 레시피를 알아보자. 스페셜티 커피에 주로 적용되는 라이트 로스팅의 분쇄도는 대표적인 세 가지 가공 방법인 워시드, 내추럴, 특수가공(무산소 발효, 효모 발효, 카보닉 매서레이션 등)에 따라 대략적으로 안내한다. 분쇄 굵기가 대략적인 이유는 사람마다 취향이 다르며 절대적인 분쇄도는 없기 때문이다. 이 레시피의 안내를 기본으로 취향에 맞게 분쇄도를 조절하자. 스스로에게 맞는 분쇄도를 찾는 것은 개인의 몫이며 이는 브루잉을 학습하는 데 있어 큰 즐거움이 될 것이다.

라이트 로스팅 드리퍼별 레시피

[하리오 V60]

명불허전 현재의 스페셜티 커피를 대표하는 드리퍼다. 본래 유리 회사인 하리오가 커피 추출 원리를 적용해 디자인한 제품으로, V60이라는 이름에 이 드리퍼의 특징이 담겨있다. 알파벳 V는 제품의 형태인 V자, 즉 코니컬형을 지칭하며 60은 하리오의 설계 기술자들이 다양한 실험을 통해 찾아낸 커피 추출 최적의 각도인 60도를 가리킨다. 이처럼 60도를 이루는 V자 형태는 물의 무게를 드리퍼 중심부 하단으로 집중시킨다.

심미적으로 출중한 모양과 다양한 색상, 재질로 전 세계인의 사랑을 받고 있는 하리오 V60은 재질에 따라 드리퍼 내부의 추출 온도에 미묘한 차이가 나 추출 성향이 조금씩 다르다. 플라스틱으로 알려진 에이에스 수지부터 동, 메탈, 유리, 도자기 등 각 재질은 추출 중 온도 변화로 맛이 조금씩 다르게 표현된다. 그렇다면 이 중 어떤 재질이 가장 좋은지 궁금할 수 있는데 이는 철저히 취향의 영역이다. 온도 변화로 인한 추출 차이는 굉장히 미묘해 향미에 아주 민감한 사람이 아닌 이상 초심자가 인지하기가 어렵다. 중요한 것은 하리오 V60 특유의 구조다.

하리오 V60의 구조

하리오 V60은 코니컬 형태에 하단에 큰 추출구가 있고, 나선형 리브가 위에서 아래로 길게 뻗어 있다. 구조만 보아도 추출 속도가 빠른 드리퍼임을 알 수 있다. 이런 구조 덕에 커피를 잡미 없이 추출할 수 있다고 알려져 있으며, 물의 압력이 중심부 하단에 집중되기 때문에 분쇄를 어느 정도 곱게 해도 추출이 잘되어 진한 커피를 만드는 데도 유용하다. 분쇄를 적절히 굵게 하면 섬세한 향미들을 과도한 호도 현상 없이 표현할 수 있어 또렷한 향미가 만들어진다. 여기서 '적절히 굵다'고 함은 하리오 V60의 구조적 특성에 맞는 굵은 분쇄라는 것을 기억하자. 분쇄 입자가 너무 굵으면 커피가 밍밍하게 추출된다.

범용성이 좋은 하리오 V60은 월드브루어스컵을 비롯한 각종 브루잉 대회에 출전하는 선수들의 선택을 받는다. 그래서 필자는 이를 '올라운더All-Rounder' 드리퍼라고 소개한다. 모든 로스팅 정도에서 준수한 향미를 추출해내며 어떤 분쇄 범위에서든 사용하기 좋기 때문이다.

{ 하리오 V60 브루잉 레시피 HOT (for 라이트 로스팅) }

가공 방식	분쇄 범위 (코만단테 C60 기준)		온도
	2~4인용	1~2인용	
워시드	35~37클릭	30~32클릭	93~95°C
내추럴	32~34클릭	27~29클릭	
특수가공	29~31클릭	24~26클릭	

물 붓기 공식	드리퍼 사이즈	도징량	물 총량	비율	
6-7-7-5-5	2~4인용	17~18g	300g	1:17.64	1:16.66
5-6-6-4-4	1~2인용	14~15g	250g	1:17.85	1:16.66

{ 하리오 V60 HOT 브루잉 추출 순서 }

*자세한 내용은 물 붓기 공식 참조

물 붓기 공식			2~4인용		1~2인용	
회차	방법	붓는 시간	정량	저울 표시량	정량	저울 표시량
1차	서클	00:00	60g	60g	50g	50g
2차	서클	00:35	70g	130g	60g	110g
3차	서클	01:10	70g	200g	60g	170g
4차	서클or센터	01:45	50g	250g	40g	210g
5차	서클or센터	02:20	50g	300g	40g	250g
각 35초 간격으로 물 붓기			총 추출 시간 2분 20초~3분			

1. 설정한 온도에 맞게 물을 끓인다.
2. 필터를 린싱한다.
3. 설정한 분쇄도로 분쇄를 진행한다.
4. 분쇄 원두를 필터에 담아 드리퍼에 올린다.
5. 분쇄 입자의 수평을 맞춘다.
6. 1차부터 3차까지 35초 간격으로 서클 푸어를 진행한다.
7. 4차와 5차는 35초 간격으로 센터 푸어를 진행한다.
    * 차수마다 물이 너무 잘 빠지면 서클 푸어만 진행한다.
8. 추출한 커피를 즐긴다.

2

5

6

7

투과식 드리퍼의 물 붓기 공식과 레시피

{ 하리오 V60 브루잉 레시피 ICE (for 라이트 로스팅) }

가공 방식	분쇄 범위 (코만단테 C60 기준)		온도
	2~4인용	1~2인용	
워시드	25~27클릭	20~22클릭	93~95°C
내추럴	22~24클릭	17~19클릭	
특수가공	19~21클릭	14~16클릭	

물 붓기 공식	사이즈	도징량	물 총량	비율	
6-7-7	2~4인용	17~18g	200g	1:11.76	1:11.11

{ 하리오 V60 ICE 브루잉 추출 순서 }

*자세한 내용은 물 붓기 공식 참조

물 붓기 공식			2~4인용		1~2인용	
회차	방법	붓는 시간	정량	저울 표시량	정량	저울 표시량
1차	서클	00:00	60g	60g	50g	50g
2차	서클	00:40	70g	130g	60g	110g
3차	서클	01:20	70g	200g	60g	170g
각 40초 간격으로 물 붓기				총 추출 시간 1분 40초 ~ 2분		

1. 설정한 온도에 맞게 물을 끓인다.
2. 필터를 린싱한다.
3. 설정한 분쇄도로 분쇄를 진행한다.
4. 분쇄 원두를 드리퍼에 담는다.

5. 분쇄 입자의 수평을 맞춘다.
6. 1차부터 3차까지 40초 간격으로 서클 푸어를 진행한다.
7. 얼음을 가득 담은 잔을 준비한다.
8. 추출된 커피를 잔의 벽과 얼음 사이로 따른다.
9. 바 스푼이나 스틱을 이용해 얼음을 최소한으로 녹이며 커피를 차갑게 만든다.
10. 잔을 잡고 있는 손이 충분히 차가움을 느낄 정도로 돌린 후 얼음을 2~3알 더 담는다.
11. 빨대 혹은 입으로 커피를 바로 음용하며 즐긴다.

[오리가미]

오리가미折り紙는 일본어로 '종이접기'라는 뜻이다. 마치 종이를 접은 것처럼 날이 선 주름각이 특징이다. 초기 모델은 세라믹으로만 제작되었지만 이후 출시된 모델은 플라스틱 버전도 있으며 색상이 매우 다양해서 취향껏 선택할 수 있다. 사이즈는 2~4인용과 1~2인용이 있다. 오리가미도 하리오 V60처럼 추출구가 큰데 추출 속도는 더 빠르다. 큰 추출구와 함께 빠른 추출 속도에 기여하는 것은 오리가미의 가장 큰 특징인 날이 선 주름각이다.

오리가미의 커다란 추출구와 날이 선 주름각

리브 역할을 하는 주름각은 총 20개로 이루어져 있으며 위에서부터 직선으로 뻗어 있다. 하리오 V60의 나선형 리브와 다른 점이다. 바로 이 '수직형 직선 리브' 때문에 오리가미의 추출 속도는 하리오 V60보다 빠르다. 빠른 추출 속도는 라이트 로스팅 추출에 더 고운 분쇄를 사용할 수 있도록 한다. 곱게 분쇄해도 추출 속도가 워낙 빨라서 과다 추출되지 않는다. 그래서 오리가미는 고운 분쇄의 장점을 커피에 최대한으로 담을 수 있다. 고운 분쇄의 장점은 커피의 향과 맛을 더 풍성하게 표현한다는 것이다. 결론적으로 오리가미는 매우 밝은 라이트 로스팅 커피 추출에 잘 어울린다. 이런 커피들은 알맞은 향미 프로파일 형성을 위해 곱게 분쇄해야 하기 때문이다.

매우 밝게 볶은 라이트 로스팅 커피는 충분한 향미를 뽑아내기 위해 추출 시간이 그만큼 길어져야 하는데 꽃, 과일 향미들은 추출 시간이 길어지면 향미가 호도되어 불분명해진다. 하지만 오리가미를 사용하면 매우 밝게 로스팅된 커피를 곱게 분쇄해 효율적으로 추출할 수 있다. 이렇게 추출된 커피는 향미가 더욱 분명하고 풍성하다.

새로 개발된 커피 가공 방식들은 향미의 극대화를 목적으로 한다. 이전과 비교할 수 없을 만큼 폭발적인 향미를 담고 있는 커피들은 대개 라이트 로스팅에서 그 특징이 잘 표현된다. 가공 방식이 발전하는 속도에 맞게 라이트 로스팅도 발전하는 추세다. 이러한 시대적 흐름에 맞게 커피의 향미를 잘 표현할 수 있도록 오리가미처럼 추출 속도가 빠른 드리퍼들이 개발되고 있다.

오리가미는 특이하게 코니컬형 필터와 플랫형 주름필터를 호환해서 사용할 수 있다. 코니컬형 필터를 사용하면 향미가 더 섬세하게 표현되어 명확하게 느껴지고, 플랫형 주름필터를 사용하면 커피의 바디가 무겁게 표현되어 단맛이 더 확실하게 느껴진다.
향미 표현에 차이가 생기는 이유는 필터 모양에 따라 오리가미 내부에서 물의 압력으로 작용하는 추출력이 다르기 때문이다. 코니컬형 필터는 압력이 중심부 하단으로 집중되고, 플랫형

코니컬형 필터가 올려진 오리가미와 플랫형 주름필터가 올려진 오리가미

주름필터는 압력이 하단 전체에 작용한다. 물론 칼리타 웨이브나 디셈버만큼 압력이 넓은 면적으로 작용하지는 않는다. 두 가지 필터는 각각의 특성에 맞는 최적의 분쇄도가 있다.

필자는 브루잉 초심자들에게 플랫형 주름필터 사용을 권장한다. 도구의 구조에 따라 표현되는 향미 차이를 분명히 이해하기 위해서는 비슷한 형태의 코니컬형 도구인 하리오 V60과 다르게 사용하는 것이 학습에 유익하기 때문이다. 코니컬형 필터는 플랫형 주름필터를 이용한 추출을 충분히 경험하고 사용해도 충분하다.

그럼 이제 오리가미의 브루잉 레시피를 알아보자. 고운 분쇄도를 사용할 수 있는 오리가미의 추출 간격은 30초 정도가 좋으며 아이스도 이에 맞게 35초 간격으로 추출한다. 하리오 V60의 레시피와 다른 점이다. 참고해서 살펴보자.

{ 오리가미 브루잉 레시피 HOT (for 라이트 로스팅) }

분쇄 범위 (코만단테 C60 기준)			온도
가공 방식	2~4인용	1~2인용	
워시드	32~34클릭	27~29클릭	93~95°C
내추럴	29~31클릭	24~26클릭	
특수가공	26~28클릭	21~23클릭	

물 붓기 공식	사이즈	도징량	물 총량	비율	
6-7-7-5-5	2~4인용	17~18g	300g	1:17.64	1:16.66
5-6-6-4-4	1~2인용	14~15g	250g	1:17.85	1:16.66

물 붓기 공식			2~4인용		1~2인용	
회차	방법	붓는 시간	정량	저울 표시량	정량	저울 표시량
1차	서클	00:00	60g	60g	50g	50g
2차	서클	00:30	70g	130g	60g	110g
3차	서클	01:00	70g	200g	60g	170g
4차	서클or센터	01:30	50g	250g	40g	210g
5차	서클or센터	02:00	50g	300g	40g	250g
각 30초 간격으로 물 붓기			총 추출 시간 2분 20초~3분			

{ 오리가미 HOT 브루잉 추출 순서 }

*자세한 내용은 물 붓기 공식 참조

1. 설정한 온도에 맞게 물을 끓인다.
2. 필터를 린싱한다.
3. 설정한 분쇄도로 분쇄를 진행한다.
4. 분쇄 원두를 드리퍼에 담는다.
5. 분쇄 입자의 수평을 맞춘다.
6. 1차부터 3차까지 30초 간격으로 서클 푸어를 진행한다.
7. 4차, 5차는 30초 간격으로 센터 푸어를 진행한다.
   * 차수마다 물이 너무 잘 빠지면 서클 푸어만 진행한다.
8. 추출한 커피를 즐긴다.

2

5

6

7

투과식 드리퍼의 물 붓기 공식과 레시피

{ 오리가미 브루잉 레시피 ICE (for 라이트 로스팅) }

가공 방식	분쇄 범위 (코만단테 C60 기준)		온도
	2~4인용	1~2인용	
워시드	22~24클릭	17~19클릭	93~95°C
내추럴	19~21클릭	14~16클릭	
특수가공	16~18클릭	11~13클릭	

물 붓기 공식	사이즈	도징량	물 총량	비율	
6-7-7	2~4인용	17~18g	200g	1:11.76	1:11.11
5-6-6	1~2인용	14~15g	170g	1:12.14	1:11.33

물 붓기 공식			2~4인용		1~2인용	
회차	방법	붓는 시간	정량	저울 표시량	정량	저울 표시량
1차	서클	00:00	60g	60g	50g	50g
2차	서클	00:35	70g	130g	60g	110g
3차	서클	01:10	70g	200g	60g	170g
각 35초 간격으로 물 붓기			총 추출 시간 1분 40초 ~ 2분 10초			

{ 오리가미 ICE 브루잉 추출 순서 }

*자세한 내용은 물 붓기 공식 참조

1. 설정한 온도에 맞게 물을 끓인다.
2. 필터를 린싱한다.
3. 설정한 분쇄도로 분쇄를 진행한다.
4. 분쇄 원두를 필터에 담아 드리퍼에 올린다.
5. 분쇄 입자의 수평을 맞춘다.
6. 1차부터 3차까지 35초 간격으로 서클 푸어를 진행한다.
7. 얼음이 가득 담긴 잔을 준비한다.
8. 추출된 커피를 잔의 벽과 얼음 사이로 따른다.
9. 바 스푼이나 스틱을 이용해 얼음을 최소한으로 녹이며 커피를 차갑게 만든다.
10. 잔을 잡고 있는 손이 충분히 차가움을 느낄 정도로 돌린 후 얼음을 2~3알 더 담는다.
11. 빨대 혹은 입으로 커피를 바로 음용하며 즐긴다.

[오레아 V3]

최근 스페셜티 커피의 발전과 함께 추출 속도가 빠른 드리퍼들이 다양하게 출시되고 있다. 추출 속도가 빠르면 커피 향미가 선명하게 표현돼 명확한 컵 노트에 높은 가치가 부여되는 스페셜티 커피 추출에 적합하다. 오레아 V3도 추출 속도가 빠른 드리퍼 중 하나다. 덕분에 향미가 선명하게 표현되어 하리오 V60, 오리가미 등과 함께 월드브루어스컵 등 여러 브루잉 대회에서 두각을 나타내고 있다. 참고로 알파벳 V 뒤에 붙는 숫자는 제작 버전을 뜻한다. V3는 오레아의 세 번째 버전이다.

오레아 V3는 2~4인용(185)과 1~2인용(155) 두 가지가 있는데, 이 책에서는 사용도가 높은 185를 중심으로 레시피를 안내한다. 오레아 V3는 드리퍼를 거치하는 베이스의 색상이 다양해서 취향에 맞게 선택할 수 있다. 재질은 100% 트로가미드로 플라스틱처럼 보이지만 훨씬 견고하며 무게가 가볍고, 열전도율이 낮아 추출 중 드리퍼를 만져도 뜨겁지 않다. 호환 가능한 필터에는 칼리타 웨이브와 펠로우 스태그, 디셈버가 있다. 세인트 앤서니 인더스트리스 F70필터(185)와 나인티 플러스 10.1필터(155)도 호환되지만, 이들 필터는 국내에 유통되지 않는다. 책에서 소개하는 플랫형 드리퍼들은 모두 위와 같은 필터를 호환해서 사용할 수 있다.

최근에는 오레아 V4가 새로 출시됐다. 사이즈는 185로 단일화하고 좁은 것(Narrow 73도)과 넓은 것(Wide 65도) 두 종류로 만들어 각도에 따른 향미 차이로 차별화를 두었다. 독특하게 추출구를 모듈 형식으로 제작하여 네 가지 형태로 바꿔서 사용할 수 있다. 모듈에 따라 추출 속도에 차이가 나기 때문에 분쇄도를 달리 적용해야 한다. 책에서 소개하는 오레아 V3는 상징적인 형태를 띠는 클래식이다.

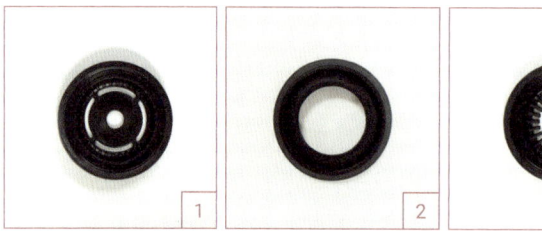

1 본래 오레아의 추출구의 형태와 같은 클래식 플랫
2 커다란 추출구가 있는 오픈 플랫
3 플랫형태를 좀 더 빠르게 추출하게 하는 패스트 플랫
4 코니컬(원뿔형) 필터를 사용할 수 있는 APEX™

플랫 형태의 오레아 V3는 독특한 구조를 갖고 있다. 겉모양을 보면 칼리타 웨이브와 비슷한 것 같지만, 이 구조를 통해 커피가 추출되는 느낌은 많이 다르다. 오레아의 제조사는 플랫 바텀 형태의 장점과 원뿔 형태의 장점을 결합했다고 설명한다. 더 구체적인 이해를 위해 다음 사진을 주목해 보자.

 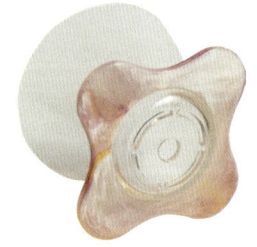

왼쪽의 정면 사진을 보면 드리퍼의 각도가 가파르다는 것을 알 수 있다. 가파른 각도는 주름필터 사이의 간격을 더 좁게 해 빠른 속도의 추출을 가능하게 한다. 주름필터가 형성하는 리브가 더 촘촘해지는 것이다. 이렇게 되면 각도가 더 가팔라져 물의 흐름이 좋아진다.

오레아 V3(위)와 칼리타 웨이브(아래)에 놓인 주름필터 모양 비교.
오레아 V3 내 주름필터의 리브가 더 촘촘하다.

빠른 추출 속도를 만드는 또 다른 요인은 독특한 형태의 드리퍼 바닥이다. 오레아의 바닥을 보면 가운데의 원형 추출구를 중심으로 네 개의 추출구가 기하학적인 형태를 이루고 있다. 이 다섯 개의 추출구는 촘촘하고 가파른 주름필터가 자아내는 빠른 추출 속도와 함께 물의 흐름을 더욱 좋게 만든다. 다섯 개의 추출구가 바닥에 균일하게 배치된 이유는 주름필터의 평평한 면이 추출구가 있는 바닥과 닿으면서 물의 흐름이 원활해지도록 하기 위해서다. 만약 추출구가 가운데에 하나만 있다면 위에서 리브를 통해 빠른 속도를 만들어준다고 할지라도 추출 속도는 다를 것이다. 다섯 개로 나눠진 추출구가 물의 흐름을 더 효율적으로 만들어주는 것이다. 이는 필터와 드리퍼가 접촉할 때 리브가 있는 면에는 물의 압력이 다르게 작용하기 때문이다. 오레아 V3의 구조를 이해하기 위해 추출 과정을 좀 더 면밀히 들여다보자.

필터와 드리퍼의 리브가 맞닿은 면에서 커피가 추출되는 모습

필터에 커피를 담고 위에 물을 부으면 커피가 젖으면서 성분이 추출된다. 커피가 추출되며 분쇄 커피와 커피액이 분리되면 중심부의 하단으로 커피액이 모이게 되는데, 이때 자세히 살펴보면 필터와 드리퍼의 리브가 맞닿은 부분에서 커피가 추출되는 것을 볼 수 있다. 리브가 위에서부터 길게 뻗어 추출구까지 맞닿아 있다면 커피액은 리브를 타고 위에서 아래로 추출된다. 이 같은 리브의 역할과 마찬가지로 추출구도 필터와 맞닿으면 압력이 다르게 작용하면서 커피가 추출되게 한다. 필터와 맞닿은 부분에서 압력이 다르게 작용하는 것을 이해하면 드리퍼의 구조에 따른 추출을 더 깊이 이해할 수 있다. 리브가 많으면 압력이 다르게 작용하는 지점이 늘어나 추출 속도가 빨라진다. 추출구가 크면 그만큼 압력이 다르게 작용하는 지점이 커져서 속도가 빨라진다. V3의 다음 버전인 V4는 이런 원리를 적용해서 용도에 따른 네 가지의 모듈을 제작했다. 모듈마다 추출 속도가 다르고 이에 따라 향미도 다르게 추출된다.

칼리타 웨이브와 디셈버 세라믹처럼 일반적으로 물 빠짐이 느린 플랫형 베드인 오레아 V3가 빠른 추출 속도를 갖게 된 이유는 필터가 리브와 추출구에 닿는 면적을 최대한 넓게 설계한 구조에 있다. 에이프릴 드리퍼 또한 이와 비슷한 접근법으로 만든 제품이다. 하지만 오레아 V3는 폭이 좁아 커피층의 두께가 더 두껍고 상부가 좁으며, 에이프릴 드리퍼는 폭이 넓어 커피층의 두께가 얇고 상부가 넓다. 이러한 차이 때문에 같은 플랫형이라도 두 드리퍼는 동일한 양의 커피를 동일한 레시피로 추출해도 맛이 다르다.

오레아 V3에는 라이트 로스팅 플랫형 물 붓기 공식이 적용된다. 분쇄를 곱게 해야 하는 오레아 V3도 HOT은 30초 간격으로 ICE는 35초 간격으로 추출한다. 다음 페이지에서 구체적인 레시피를 살펴보자.

 관련 영상 보기

{ 오레아 V3 185 레시피 HOT (for 라이트 로스팅) }

분쇄 범위 (코만단테 C60 기준)			온도
가공 방식	원두 18~19g	원두 15~16g	
워시드	30~32클릭	28~30클릭	93~95°C
내추럴	27~29클릭	25~27클릭	
특수가공	24~26클릭	22~24클릭	

물 붓기 공식	도징량	물 총량	비율	
5-8-7-5-5	18~19g	300g	1:16.66	1:15.78
4-7-6-4-4	15~16g	250g	1:16.66	1:15.62

물 붓기 공식			원두 18~19g		원두 15~16g	
회차	방법	붓는 시간	정량	저울 표시량	정량	저울 표시량
1차	서클	00:00	50g	50g	40g	40g
2차	서클	00:30	80g	130g	70g	110g
3차	서클	01:00	70g	200g	60g	170g
4차	서클	01:30	50g	250g	40g	210g
5차	서클	02:00	50g	300g	40g	250g
각 30초 간격으로 물 붓기			총 추출 시간 2분 10초 ~ 2분 40초			

{ 오레아 V3 HOT 브루잉 추출 순서 }

*자세한 내용은 물 붓기 공식 참조

1. 설정한 온도에 맞게 물을 끓인다.
2. 필터를 린싱한다.
3. 설정한 분쇄도로 분쇄를 진행한다.
4. 분쇄 원두를 드리퍼에 담는다.
5. 분쇄 입자의 수평을 맞춘다.
6. 1차부터 3차까지 30초 간격으로 서클 푸어를 진행한다.
7. 4차, 5차는 30초 간격으로 센터푸어를 진행한다.
    *차수마다 물이 너무 잘 빠지면 서클 푸어만 진행한다.
8. 추출한 커피를 즐긴다.

2

5

6

{ 오레아 V3 185 브루잉 레시피 ICE (for 라이트 로스팅) }

가공 방식	분쇄 범위 (코만단테 C60 기준)		온도
	원두 18~19g	원두 15~16g	
워시드	20~22클릭	18~20클릭	93~95°C
내추럴	17~19클릭	15~17클릭	
특수가공	14~16클릭	12~14클릭	

물 붓기 공식	도징량	물 총량	비율	
5-8-7	18~19g	200g	1:11.11	1:10.52
4-7-6	15~16g	170g	1:11.33	1:10.62

물 붓기 공식			원두 18~19g		원두 15~16g	
회차	방법	붓는 시간	정량	저울 표시량	정량	저울 표시량
1차	서클	00:00	50g	50g	40g	40g
2차	서클	00:35	80g	130g	70g	110g
3차	서클	01:10	70g	200g	60g	170g
각 35초 간격으로 물 붓기				총 추출 시간 1분 40초~2분		

{ 오레아 V3 ICE 브루잉 추출 순서 }

*자세한 내용은 물 붓기 공식 참조

1. 설정한 온도에 맞게 물을 끓인다.
2. 필터를 린싱한다.
3. 설정한 분쇄도로 분쇄를 진행한다.
4. 분쇄 원두를 드리퍼에 담는다.
5. 분쇄 입자의 수평을 맞춘다.
6. 1차부터 3차까지 35초 간격으로 서클 푸어를 진행한다.
7. 얼음이 가득 담긴 잔을 준비한다.
8. 커피를 잔의 벽과 얼음 사이로 따른다.
9. 바 스푼이나 스틱을 이용해 얼음을 최소한으로 녹이며 커피를 차갑게 만든다.
10. 잔을 잡고 있는 손이 충분히 차가움을 느낄 정도로 돌린 후 얼음을 2~3알 더 담는다.
11. 빨대 혹은 입으로 커피를 바로 음용하며 즐긴다.

앞서 안내한 레시피와 함께 독자들의 더 나은 레시피 학습을 위해 오레아 V3에는 좀 더 적은 양의 원두를 사용하는 레시피를 소개한다. 실제로 제조사도 오레아에 '최소 10g'의 원두를 사용하라고 안내하는데, 이렇게 적은 양으로도 커피 추출이 가능한 것은 분쇄를 곱게 해도 추출 속도가 빠르기 때문이다.

약 10g의 커피에서 향미가 충분히 추출되려면 분쇄는 고와야 한다. 물과 닿는 면적이 충분해야 충분한 향미를 끌어낼 수 있다. 이때 드리퍼의 추출 속도가 느리다면 물 빠짐이 좋지 않아 균일한 추출이 어려워진다. 이 말은 즉 추출 속도가 빠른 오레아 V3에서는 이렇게 적은 양의 커피로도 추출이 잘 된다는 뜻이다.

필자는 오레아 V3 185에 원두 12~13g을 사용하는 브루잉 레시피를 제안한다. 10g을 사용하는 방법은 타라치네 코니컬 30과 카펙 딥 27에서 안내하겠다. 접근 방식은 브루잉 공식과 같지만, 원두 양이 적은 만큼 회차가 다르다. 빠른 추출 속도에 맞게 매우 밝은 라이트 로스팅에 어울리는 레시피다. 분쇄가 곱기 때문에 시간 간격은 1차와 2차만 30초, 이후는 20초로 설정했으며, 아이스는 1차와 2차 간격 40초, 이후는 30초다.

{ 오레아 V3 185 12~13g 레시피 HOT & ICE (for 라이트 로스팅) }

분쇄 범위 (코만단테 C60 기준)			온도
가공 방식	HOT	ICE	93~95°C
워시드	25~27클릭	16~18클릭	
내추럴	22~24클릭	13~15클릭	
특수가공	19~21클릭	10~12클릭	

물 붓기 공식	구분	도징량	물 총량	비율	
4-6-5-5	HOT	12~13g	200g	1:16.66	1:15.38
4-6-5	ICE		150g	1:12.5	1:11.53

물 붓기 공식			HOT	
회차	방법	붓는 시간	정량	저울 표시량
1차	서클	00:00	40g	40g
2차	서클	00:30	60g	100g
3차	서클or센터	00:50	50g	150g
4차	서클or센터	01:10	50g	200g
1~ 2차 30초 간격, 이후 20초 간격			총 추출 시간 1분 30초 ~ 2분 20초	

물 붓기 공식			ICE	
회차	방법	붓는 시간	정량	저울 표시량
1차	서클	00:00	40g	40g
2차	서클	00:40	60g	100g
3차	서클or센터	01:10	50g	150g
1~ 2차 40초 간격, 이후 30초 간격			총 추출 시간 1분 50초 ~ 2분 20초	

{ 오레아 V3 185 HOT 브루잉 추출 순서 }

*자세한 내용은 물 붓기 공식 참조

1. 설정한 온도에 맞게 물을 끓인다.
2. 필터를 린싱한다.
3. 설정한 분쇄도로 분쇄를 진행한다.
4. 분쇄 원두를 드리퍼에 담는다.
5. 분쇄 입자의 수평을 맞춘다.
6. 1, 2차는 30초 간격으로 서클 푸어를 진행한다.
7. 3차, 4차는 20초 간격으로 센터 푸어를 진행한다.
   * 차수마다 물이 너무 잘 빠지면 서클 푸어만 진행한다.
8. 추출한 커피를 즐긴다.

{ 오레아 V3 185 ICE 브루잉 추출 순서 }

* 5번까지는 HOT 레시피와 동일

1. 1, 2차는 40초 간격으로 서클 푸어한다.
2. 3차는 30초 간격으로 센터 푸어한다.
3. 얼음이 가득 담긴 잔을 준비한다.
4. 커피를 잔의 벽과 얼음 사이로 따른다.
5. 바 스푼이나 스틱을 이용해 얼음을 최소한으로 녹이며 커피를 차갑게 만든다.
6. 잔을 잡고 있는 손이 충분히 차가움을 느낄 정도로 돌린 후 얼음을 2~3알 더 담는다.
7. 빨대 혹은 입으로 커피를 바로 음용하며 즐긴다.

[에이프릴]

에이프릴은 덴마크 코펜하겐에 위치한 커피숍이다. 이곳 대표인 세계적인 바리스타 패트릭 롤프Patrick Rolf가 이 드리퍼를 직접 설계했다. 그래서 드리퍼의 이름도 매장 상호 그대로 에이프릴이라고 지었다. 플라스틱과 세라믹 두 가지 버전으로 제작됐고, 전용 주름 필터가 있는데 칼리타 웨이브 필터도 호환된다.

에이프릴은 오레아 V3처럼 플랫 베드 형태로 외관은 칼리타 웨이브, 디셈버 세라믹과 비슷하다. 이 네 개의 드리퍼를 나란히 놓고 보면 마치 형제처럼 겉모습이 유사하며, 모두 필터까지 호환된다. 하지만 구조적인 특징은 모두 다르고 이에 따라 추출되는 커피 맛에도 차이가 있다. 구조에 따른 분명한 차이는 단연 추출 속도다. 추출 속도가 빠른 순서부터 나열하면 다음과 같다.

오레아 V3   에이프릴   칼리타 웨이브   디셈버 세라믹

← 빠르다   조금 빠르다   느리다 →

추출 속도에 영향을 끼치는 것은 각 드리퍼의 각도와 주름필터 바닥과 맞붙는 드리퍼 하단의 설계다. 각도가 직선에 가까울수록 속도는 빠르고, 각도가 넓을수록 속도는 느리다. 또한 드리퍼 하단이 물의 압력을 낮출 수 있게 설계되었다면 속도는 빠르고, 물의 압력을 높일 수 있게 설계되었다면 속도는 느리다. 이런 특징은 추출되는 커피 향미에 직접적인 영향을 준다. 같은 플랫형 드리퍼에서 향미 차이가 나는 것은 이 때문이다.

각 드리퍼는 추출 속도가 차이 나는 만큼 사용하기 적합한 로스팅 정도가 있다. 속도가 빠를수록 고운 분쇄가 적합한 라이트 로스팅이 추출하기 좋고, 속도가 느릴수록 굵은 분쇄가 적합한 다크 로스팅이 추출하기 좋다. 적절히 분쇄해야 하는 미디엄 로스팅은 그 중간이 좋다. 이에 추출 속도가 빠른 오레아 V3는 라이트 로스팅이 적합하다고 설명했다. 이번에 알아볼 에이프릴은 라이트 로스팅과 미디엄 라이트 로스팅 커피 추출에 적합하다. 앞서 설명한 대로 드리퍼의 구조로 인한 추출 속도 때문이다.

에이프릴의 벽 안쪽 면에는 가로 형태의 리브가 있다. 칼리타 웨이브에도 있는 이 가로형 리브는 물이 드리퍼에 차고 내려갈 때 배수 속도를 일정하게 만들어준다. 물이 하단부로 흐를 때 층층이 구성된 가로형 리브에 걸리면서 내려가기 때문이다.

배수 속도가 일정하면 드리퍼에 물이 차오르며 추출되는 침지가 고르게 일어나 더 안정적인 추출이 가능해진다. 칼리타 웨이브에도 동일하게 적용되는 구조적 특징이다. 추가로 에이프릴 드리퍼는 바닥이 넓다. 그만큼 같은 양의 커피도 더 넓게 담겨 커피층은 얇아지고 물이 직접 닿는 상부의 면적이 넓어진다. 이런 특징은 커피 입자 간의 추출 편차를 최소화하여 더 균형 잡힌 커피를 만들어준다.

에이프릴의 가장 큰 특징은 드리퍼 밑바닥의 구조다.

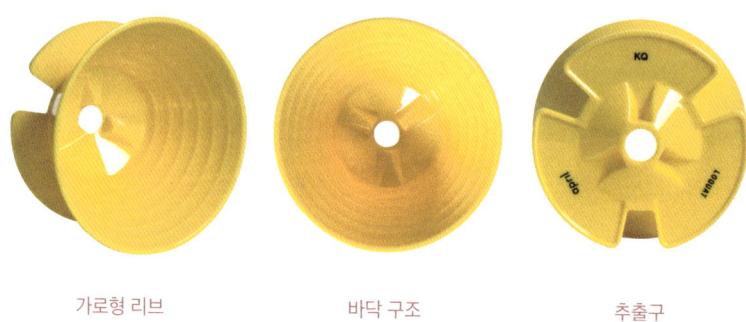

가로형 리브　　　　　　바닥 구조　　　　　　추출구

밑바닥을 보면 세 개의 큰 돌기가 있다. 이 돌기는 물의 압력을 바꿔준다. 돌기가 닿는 플랫 필터의 밑바닥 부분은 하단부로 작용하는 물의 압력에 변화를 줘 커피가 더 원활하게 추출될 수 있도록 한다. 또 하나 주목해야 할 부분은 독특한 추출구의 구조다.

밑바닥의 돌기로 인한 물의 압력 변화에 따라 추출된 커피는 움푹 들어간 드리퍼의 바닥을 타고 하리오 V60이나 오리가미보다 조금 작은 추출구로 빠르게 흘러간다. 참 독특한 구조. 밑바닥에 커피액이 모여서 추출되는 일반적인 플랫형 드리퍼들과 대비된다. 이런 구조는 플랫형에서 커피가 추출되며 일어나는 호도현상을 완화한다. 호도현상은 드리퍼 내부에서의 침지 추출이 길어질 때 발생한다. 커피의 단맛과 바디가 높게 추출되는 장점이 있지만 밝고 경쾌한 산미, 쥬시하고 가벼운 마우스필은 잘 추출되지 않아 라이트 로스팅의 특징을 살리기에 아쉽다는 단점이 있다. 에이프릴의 경우 독특한 하단부의 구조로 인해 플랫형임에도 커피의 향미가 더 선명하게 느껴진다. 벽면에 가로형 리브가 있어 일정한 속도로 침지가 일어나며 추출되지만, 커피가 바닥에 고이지 않고 추출구로 빠르게 흘러가도록 설계한 것이다. 이런 구조가 만드는 추출 속도로 인해 에이프릴은 라이트 로스팅, 미디엄 라이트 로스팅 추출에 적합하며 그중 특히 미디엄 라이트 로스팅에서 최고의 퍼포먼스를 볼 수 있다.
전용 필터를 사용하면 더 빠른 추출 속도로 드리퍼를 사용할 수 있다. 더 빠른 추출 속도는 산미의 품질을 높인다.

에이프릴은 원 사이즈로 출시됐다. 사이즈가 하나이므로 원두 양을 달리한 두 가지 레시피를 알아본다. 물 붓기 공식은 플랫형이 적용된다. 시간 간격은 HOT 35초, ICE 40초다.

{ 에이프릴 레시피 HOT (for 미디엄 라이트 로스팅) }

가공 방식	분쇄 범위 (코만단테 C60 기준)		온도
	원두 18~19g	원두 15~16g	
워시드	38~40클릭	36~38클릭	93~95°C
내추럴	35~37클릭	33~35클릭	
특수가공	32~34클릭	30~32클릭	

물 붓기 공식	도징량	물 총량	비율	
5-8-7-5-5	18~19g	300g	1:16.66	1:15.78
4-7-6-4-4	15~16g	250g	1:16.66	1:15.62

물 붓기 공식			원두 18~19g		원두 15~16g	
회차	방법	붓는 시간	정량	저울 표시량	정량	저울 표시량
1차	서클	00:00	50g	50g	40g	40g
2차	서클	00:35	80g	130g	70g	110g
3차	서클	01:10	70g	200g	60g	170g
4차	서클or센터	01:45	50g	250g	40g	210g
5차	서클or센터	02:20	50g	300g	40g	250g
35초 간격으로 물 붓기				총 추출 시간 2분 40초~ 3분 10초		

chapter 7

{ 에이프릴 HOT 브루잉 추출 순서 }

*자세한 내용은 물 붓기 공식 참조

1. 설정한 온도에 맞게 물을 끓인다.
2. 필터를 린싱한다.
3. 설정한 분쇄도로 분쇄를 진행한다.
4. 분쇄 원두를 드리퍼에 담는다.
5. 분쇄 입자의 수평을 맞춘다.
6. 1차부터 3차까지는 35초 간격으로 서클 푸어를 진행한다.
7. 4차, 5차는 35초 간격으로 센터 푸어를 진행한다.

    * 차수마다 물이 너무 잘 빠지면 서클 푸어만 진행한다.

8. 추출한 커피를 즐긴다.

2

5

6

7

투과식 드리퍼의 물 붓기 공식과 레시피

{ 에이프릴 레시피 ICE (for 미디엄 라이트 로스팅) }

분쇄 범위 (코만단테 C60 기준)			온도
가공 방식	원두 18~19g	원두 15~16g	
워시드	27~29클릭	26~28클릭	93~95°C
내추럴	24~26클릭	23~25클릭	
특수가공	21~23클릭	20~22클릭	

물 붓기 공식	도징량	물 총량	비율	
5-8-7	18~19g	200g	1:11.11	1:10.52
4-7-6	15~16g	170g	1:11.33	1:10.62

물 붓기 공식			원두 18~19g		원두 15~16g	
회차	방법	붓는 시간	정량	저울 표시량	정량	저울 표시량
1차	서클	00:00	50g	50g	40g	40g
2차	서클	00:40	80g	130g	70g	110g
3차	서클	01:20	70g	200g	60g	170g
40초 간격으로 물 붓기			총 추출 시간 1분 50초~2분 30초			

{ 에이프릴 ICE 브루잉 추출 순서 }

*자세한 내용은 물 붓기 공식 참조

1. 설정한 온도에 맞게 물을 끓인다.
2. 필터를 린싱한다.
3. 설정한 분쇄도로 분쇄를 진행한다.
4. 분쇄 원두를 드리퍼에 담는다.
5. 분쇄 입자의 수평을 맞춘다.
6. 1차부터 3차까지 40초 간격으로 서클 푸어를 진행한다.
7. 얼음이 가득 담긴 잔을 준비한다.
8. 추출된 커피를 잔의 벽과 얼음 사이로 따른다.
9. 바 스푼이나 스틱을 이용해 얼음을 최소한으로 녹이며 커피를 차갑게 만든다.
10. 잔을 잡고 있는 손이 충분히 차가움을 느낄 정도로 돌린 후 얼음을 2~3알 더 담는다.
11. 빨대 혹은 입으로 커피를 바로 음용하며 즐긴다.

[10g 투과식 드리퍼 레시피]

{ 타라치네 코니컬 30 & 카펙 딥 27 }

타라치네 코니컬 30과 카펙 딥 27은 10g의 원두로 충분히 맛있는 커피를 추출할 수 있는 투과식 드리퍼다. 앞서 소개한 오레아 V3도 10g 추출에 좋지만, 드리퍼 구조에서 나오는 향미 차이가 분명하다. 타라치네와 카펙 두 드리퍼를 보면 각도가 좁은 코니컬형인 것을 한눈에 알 수 있다.

하리오 V60처럼 각 드리퍼 뒤에 붙은 숫자는 각도를 말한다. 즉, 타라치네 코니컬 30은 30도, 카펙 딥 27은 27도다. 이렇게 가파른 각도의 드리퍼에 10g의 분쇄 커피가 담기면 커피층이 깊어져 추출수와 충분한 접촉 시간을 갖게 된다. 추출수가 분쇄 커피의 상부와 중부, 하부를 지나면서 커피 성분을 충분히 추출할 수 있는 구조로 설계된 것이다. 물론 꼭 30도, 27도가 아니어도 10g의 분쇄 커피에서 성분을 추출할 수 있다. 하지만 각도가 넓으면 그만큼 커피층이 얕아지고, 그 결과 분쇄를 곱게 하지 않으면 투과되는 속도가 너무 빨라지면서 커피가 밍밍해진다. 또한 분쇄가 고우면 추출수가 분쇄 커피를 고르게 통과하지 못해 발생하는 채널링이 일어나기 쉽다. 이 경우 원두의 향미를 충분히 뽑아내지 못하게 된다. 10g을 사용했지만 성분이 제대로 추출되지 않아 8~9g을 사용한 커피처럼 추출되는 것이다. 오레아 V3는 상대적으로 좁은 플랫 형태로 드리퍼 내부에서 침지되는 시간이 충분히 주어져 커피층이 얕아도 10g 추출이 가능한 것이다.

이처럼 타라치네 코니컬 30과 카펙 딥 27은 10g의 적은 원두로도 성분을 충분히 추출할 수 있는 구조로 설계됐다. 또 하나 주목해야 할 것은 각 드리퍼의 리브다. 타라치네 코니컬 30은 하리오 V60과 같은 나선형 리브를, 카펙 딥 27은 오리가미와 같은 직선형 리브를 갖고 있다.

30도, 27도의 좁은 각도에 나선형, 직선형의 리브가 더해지면 추출 속도가 더 빨라진다. 덕분에 두 드리퍼는 라이트 로스팅 커피 추출에서 최고의 퍼포먼스를 보여준다. 타라치네 코니컬 30은 세라믹, 플라스틱 재질이 있으며 카펙 딥 27은 플라스틱 재질만 출시됐다. 색상 선택지는 둘다 다양해 취향껏 선택할 수 있다.

두 드리퍼는 3도의 각도 차이와 리브 형태로 인해 추출 속도가 다르다. 하리오 V60보다 오리가미가 더 빠른 것처럼 타라치네 코니컬 30보다 카펙 딥 27의 추출 속도가 더 빠르다. 차이점은 필터에도 있다. 타라치네 코니컬 30은 하리오 V60 필터를 반으로 접어서 사용할 수 있지만, 카펙 딥 27은 전용 필터를 사용해야 한다. 카펙 딥 27 전용 필터는 제조사 고유의 기술로 바깥면과 겉면의 필터 재질을 통일해 투수성을 높였다. 카펙 딥 27의 빠른 추출 속도에는 필터도 한 몫 한다.

이렇게 추출 속도가 다른 두 드리퍼는 레시피 설계 시 분쇄도만 다르게 설정한다. 물 붓는 공식은 3-5-4-4 (HOT), 3-5-4 (ICE)를 사용한다. 그럼, 지금부터 10g 추출에 최적화된 타라치네 코니컬 30과 카펙 딥 27의 레시피를 알아보자.

관련 영상 보기

타라치네 코니컬 30

카펙 딥 27

타라치네 코니컬 30 필터 접는 법

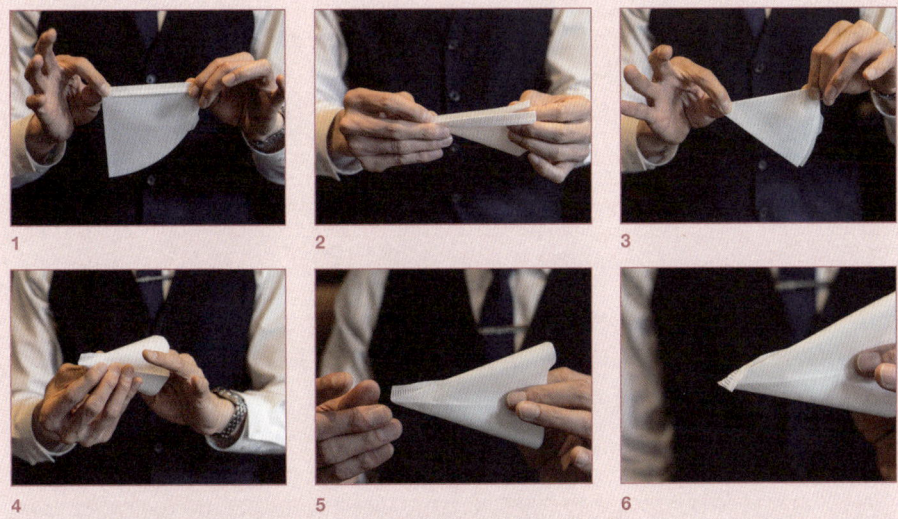

1 하리오 V60 필터 날개 부분을 접는다.
2-4 접힌 날개 부분이 바깥쪽에 나오도록 필터를 반 접는다.
5-6 하단에 튀어나온 날개 부분을 접어 끝을 뾰족하게 만들어준다.

카펙 딥 27 필터 접는 법

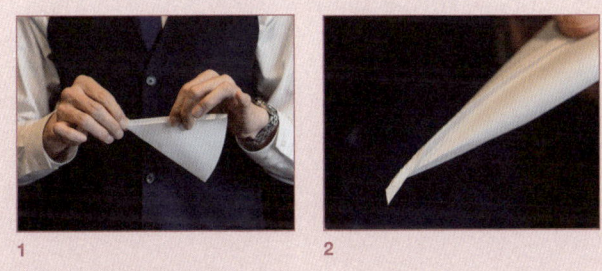

1 카펙 딥 27 전용 필터의 날개 부분을 접는다.
2 하단에 튀어나온 날개 부분을 접어 끝을 뾰족하게 만들어준다.

{ 타라치네 코니컬 30 & 카펙 딥 27 레시피 HOT (for 라이트 로스팅) }

분쇄 범위 (코만단테 C60 기준)			온도
가공 방식	타라치네 코니컬 30	카펙 딥 27	
워시드	24~26클릭	23~25클릭	93~95°C
내추럴	21~23클릭	20~22클릭	
특수가공	18~20클릭	17~19클릭	

물 붓기 공식	드리퍼 종류	도징량	물 총량	비율	
3-5-4-4	코니컬 30	10~11g	160g	1:16	1:14.54
	딥 27				

물 붓기 공식			타라치네 코니컬 30 - 카펙 딥 27	
회차	방법	붓는 시간	정량	저울 표시량
1차	서클	00:00	30g	30g
2차	서클	00:30	50g	80g
3차	서클or센터	00:50	40g	120g
4차	서클or센터	01:10	40g	160g
1~2차 30초 간격, 이후 20초 간격으로 물 붓기			총 추출 시간 1분 20초~ 1분 40초	

{ 타라치네 코니컬 30 & 카펙 딥 27 HOT 브루잉 추출 순서 }

1. 설정한 온도에 맞게 물을 끓인다.
2. 필터를 린싱한다.
3. 설정한 분쇄도로 분쇄를 진행한다.
4. 분쇄 원두를 드리퍼에 담는다.
5. 분쇄 입자의 수평을 맞춘다.
6. 1~2차는 30초 간격으로 서클 푸어한다.
7. 3~4차는 20초 간격으로 센터 푸어한다.
    * 차수마다 물이 너무 잘 빠지면 서클 푸어만 진행한다.
8. 추출한 커피를 즐긴다.

2

4

6

8

투과식 드리퍼의 물 붓기 공식과 레시피

{ 타라치네 코니컬 30과 카펙 딥 27 레시피 ICE (for 라이트 로스팅) }

분쇄 범위 (코만단테 C60 기준)			온도
가공 방식	타라치네 코니컬 30	카펙 딥 27	
워시드	17~19클릭	15~17클릭	93~95°C
내추럴	14~16클릭	12~14클릭	
특수가공	11~13클릭	9~11클릭	

물 붓기 공식	드리퍼 종류	도징량	물 총량	비율	
3-5-4	코니컬 30	10~11g	120g	1:12	1:10.90
	딥 27				

물 붓기 공식			타라치네 코니컬 30 - 카펙 딥 27	
회차	방법	붓는 시간	정량	저울 표시량
1차	서클	00:00	30g	30g
2차	서클	00:40	50g	80g
3차	서클or센터	01:10	40g	120g
1~2차 40초 간격, 이후 30초 간격으로 물 붓기			총 추출 시간 1분 30초~1분 50초	

{ 타라치네 코니컬 30 & 카펙 딥 27 ICE 브루잉 추출 순서 }

1. 설정한 온도에 맞게 물을 끓인다.
2. 필터를 린싱한다.
3. 설정한 분쇄도로 분쇄를 진행한다.
4. 분쇄 원두를 드리퍼에 담는다.
5. 분쇄 입자의 수평을 맞춘다.
6. 1~2차는 40초 간격으로 서클 푸어한다.
7. 3차는 30초 간격으로 센터 푸어한다.
8. 얼음이 가득 담긴 잔을 준비한다.
9. 커피를 잔의 벽과 얼음 사이로 따른다.
10. 바 스푼이나 스틱을 이용해 얼음을 최소한으로 녹이며 커피를 차갑게 만든다.
11. 잔을 잡고 있는 손이 충분히 차가움을 느낄 정도로 돌린 후 얼음을 2~3알 더 담는다.
12. 빨대 혹은 입으로 커피를 바로 음용하며 즐긴다.

지금까지 라이트 로스팅의 물 붓기 공식을 중심으로 유속이 빠른 드리퍼의 레시피를 알아봤다. 다음 장에서는 미디엄 로스팅의 물 붓기 공식을 중심으로 유속이 적절한 드리퍼의 레시피를 소개한다.

미디엄 로스팅의 물 붓기 공식

미디엄 로스팅의 물 붓기 공식은 유속이 적절한 드리퍼를 중심으로 알아본다. 여기서 말하는 적절함은 너무 빠르지도 느리지도 않은 것을 말한다.

미디엄 로스팅에 적합한 코니컬형 드리퍼	미디엄 로스팅에 적합한 플랫형 드리퍼
고노	칼리타 웨이브

{ 미디엄 로스팅 물 붓기 공식 코니컬형 (HOT) }

물 붓기 공식	드리퍼 사이즈	도징량	물 총량	비율	
6-7-7-10	2~4인용	18~19g	300g	1:16.66	1:15.78
5-6-6-8	1~2인용	15~16g	250g	1:16.66	1:15.62

6-7-7-10

2~4인용 사이즈에 적합하다. 60g - 70g - 70g - 100g의 순서대로 총 300g의 물을 네 차례에 나눠 붓는다.

5-6-6-8

1~2인용 사이즈에 적합하다. 50g - 60g - 60g - 80g의 순서대로 총 250g의 물을 네 차례에 나눠 붓는다.

{ 미디엄 로스팅 물 붓기 공식 코니컬형 (ICE) }

물 붓기 공식	드리퍼 사이즈	도징량	물 총량	비율	
6-7-7	2~4인용	18~19g	200g	1:11.11	1:10.52
5-6-6	1~2인용	15~16g	170g	1:11.33	1:10.62

6-7-7

2~4인용 사이즈에 적합하다. 60g - 70g - 70g의 순서대로 총 200g의 물을 세 차례에 나눠 붓는다.

5-6-6

1~2인용 사이즈에 적합하다. 50g - 60g - 60g의 순서대로 총 170g의 물을 세 차례에 나눠 붓는다.

{ 미디엄 로스팅 물 붓기 공식 플랫형 (HOT) }

물 붓기 공식	드리퍼 사이즈	도징량	물 총량	비율	
5-8-7-10	2~4인용	18~19g	300g	1:16.66	1:15.78
4-7-6-8	1~2인용	15~16g	250g	1:16.66	1:15.62

5-8-7-10

2~4인용 사이즈에 적합하다. 50g - 80g - 70g - 100g의 순서대로 총 300g의 물을 네 차례에 나눠 붓는다.

4-7-6-8

1~2인용 사이즈에 적합하다. 40g - 70g - 60g - 80g의 순서대로 총 250g의 물을 네 차례에 나눠 붓는다.

{ 미디엄 로스팅 물 붓기 공식 플랫형(ICE) }

물 붓기 공식	드리퍼 사이즈	도징량	물 총량	비율	
5-8-7	2~4인용	18~19g	200g	1:11.11	1:10.52
4-7-6	1~2인용	15~16g	170g	1:11.33	1:10.62

5-8-7

2~4인용 사이즈에 적합하다. 50g - 80g - 70g의 순서대로 총 200g의 물을 세 차례에 나눠 붓는다.

4-7-6

1~2인용 사이즈에 적합하다. 40g - 70g - 60g의 순서대로 총 170g의 물을 세 차례에 나눠 붓는다.

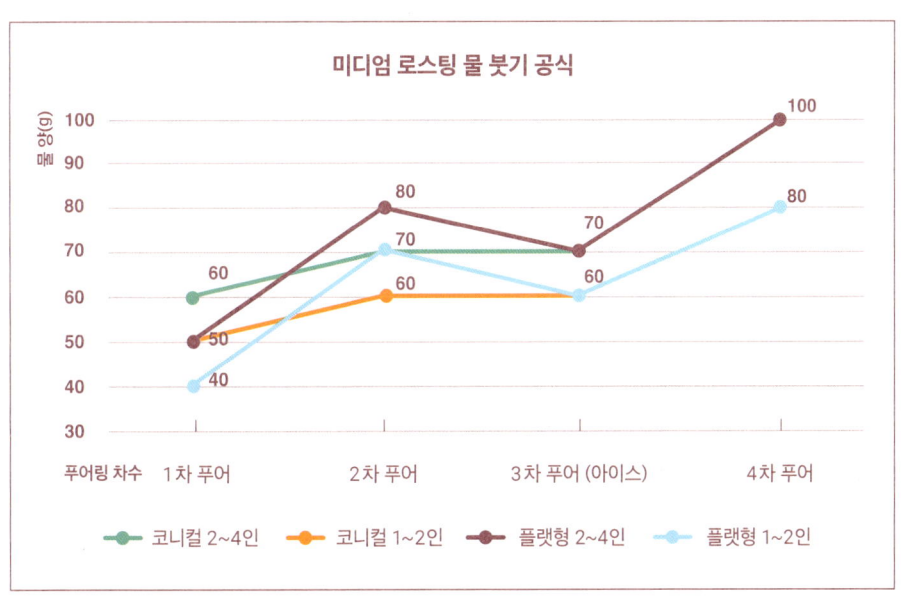

라이트 로스팅에서 향미를 중심으로 물 붓기 공식을 설계했다면, 미디엄 로스팅은 향미와 바디, 마우스필을 중심으로 설계했다. 미디엄 로스팅의 바디와 마우스필은 라이트 로스팅보다 적절히 무거운 것이 어울린다. 로스팅이 진행될수록 조성된 향미도 단조로워지기 때문에 물 붓기 공식도 단순해지는 것이 좋다.

라이트 로스팅의 HOT 브루잉을 기준으로 물 붓는 횟수는 5차에서 4차로 줄였다. 아울러 그래프를 보면 전체 차수 중 4차에 붓는 물의 양이 많다. 이렇게 설계한 이유는 후반부 추출에 침지를 더 많이 활용하기 위해서다. 후반부에 침지를 충분히 활용하면 전반부에 추출된 향미들이 호도되며 커피가 부드러워진다. 미디엄 로스팅에 어울리는 향미와 바디, 마우스필을 위한 설계다. 이처럼 회차가 줄어들고 침지의 비중이 높아지면 분쇄는 고운 편이 좋다. 커피가 침지되며 성분을 적절히 추출해야 하기 때문이다. 다음에 소개할 다크 로스팅은 침지의 비중이 더 높다.

추출력을 늘려야 하는 1~3차 추출에서는 서클 푸어를 적극적으로 사용하고, 밸런스를 맞추기 위한 4차 추출은 경우에 따라 센터 푸어를 활용하자. 라이트 로스팅과 마찬가지로 분쇄가 생각한 것보다 굵게 되어 물이 너무 잘 빠진다면 센터 푸어보다 서클 푸어를 사용하면 된다. 센터 푸어와 서클 푸어의 사용은 선택적이다.

다음으로 미디엄 로스팅 물 붓기 공식을 중심으로 HOT과 ICE의 브루잉 제조 과정을 소개한다. 대체로 라이트 로스팅 물 붓기 공식과 비슷하지만, 5번 붓기에서 4번 붓기로 바뀌며 변동되는 사항이 있으니 레시피 활용에 앞서 잘 숙지해야 한다.

{ HOT 브루잉 추출 순서 }

1. 설정한 온도에 맞게 물을 끓인다.

2. 필터를 린싱한다.
   ㄴ 플랫형의 주름필터를 린싱할 때는 중앙에 충분한 물을 부어 하부를 완전히 적신 뒤 벽면을 린싱해야 한다. 그래야 필터가 수평에 맞게 잘 안착된다. 벽면을 린싱할 때 물을 너무 강하게 부으면 주름필터가 접힐 수 있으니 유의한다.

3. 설정한 분쇄도로 분쇄를 진행한다.

4. 분쇄 원두를 드리퍼에 담는다.
   ㄴ 주름필터에 분쇄 입자가 붙지 않게 가운데를 중심으로 담는다.

5. 분쇄 입자의 수평을 맞춘다.
   ㄴ 수평을 맞춰 모든 분쇄 입자에서 고른 추출이 일어나도록 한다. 조금은 깐깐하게 진행해보자.

6. 1차부터 추출을 시작해 알맞은 시간 간격으로 물을 붓는다.
   ㄴ 타이머는 물을 붓기 바로 직전에 작동시킨다.

7. 많은 양의 물을 붓는 4차 추출은 서클 푸어 시 원을 두 번 정도 돌린다고 생각하며 붓는다.
   ㄴ 물 빠짐이 좋지 않다면 센터푸어를 사용하자.

8. 추출한 커피를 즐기며 더 나은 추출을 위한 변수 조정을 생각해본다.

{ ICE 브루잉 추출 순서 }

HOT 브루잉 추출 순서를 따르되 아이스 레시피에 맞게 3차에 추출을 종료한다. 이후 과정은 앞서 소개한 라이트 로스팅 물 붓기 공식에서 설명한 ICE 브루잉 추출 순서와 같지만, 매우 중요하기 때문에 한번 더 지면을 할애한다.

1. 얼음을 가득 담은 잔을 준비한다.

2. 추출된 잔의 벽과 얼음 사이로 따른다.

3. 바 스푼(없다면 길이가 긴 스푼이나 스틱)을 잔의 벽면으로 돌려 얼음을 최소한으로 녹이며 커피를 차갑게 만든다.
   ㄴ 얼음이 많이 녹으면 진한 농도로 추출해도 커피가 밍밍해진다. 얼음이 최소한으로 녹도록 하는 것이 핵심이다.

4. 잔을 잡고 있는 손으로 충분히 차가움을 느낄 정도로 돌린 후 얼음을 2~3알 더 담는다.

5. 빨대 혹은 입으로 바로 음용하며 즐긴다. 다음 추출을 위한 변수 조정도 생각해본다.

미디엄 로스팅의 분쇄도는 드리퍼 구조에 따른 적절한 범위를 안내한다. 로스팅이 어느 정도 진행된 상태의 원두는 가공 방식에 따른 분쇄 범위 영향이 크게 없기 때문이다.

미디엄 로스팅 드리퍼별 레시피

[고노]

'고노' 하면 일본의 핸드드립 장인이 떠오른다. 소위 말하는 '점 드립'으로 커피를 내리는 대표적인 드리퍼이기 때문이다. 점 드립이란 드리퍼에 물이 차오를 때까지 점 같은 물방울을 천천히 주입하며 커피를 추출하는 방법으로, 물을 주입하는 시간이 긴 만큼 커피가 매우 진하게 추출된다. 이 방법이 워낙 많이 알려진 탓에 고노 드리퍼를 점 드립용으로만 생각하는 사람이 많다. 사실 초창기 고노는 점 드립으로만 추출을 해야 할 정도로 추출 속도가 매우 빨랐다. 물 붓기 기술이 부족하면 빠른 속도로 인해 밍밍한 커피가 만들어지기 십상이었다. 이는 매우 큰 추출구와 중간부터 끝까지 이어지는 직선형 리브 때문이었다. 그러나 현재까지 고노는 총 세 가지 버전으로 출시됐고 최근에 출시된 제품은 이전과는 많이 다르다. 우선 추출구가 작아졌고 직선형 리브도 길이가 짧아져 드리퍼 하부의 추출구와 가깝게 위치해 있다.

올드 고노(왼)와 뉴 고노(오)의 비교. 리브 길이와 추출구 크기에 차이가 있다.

이전만큼 추출 속도가 빠르지 않아 점 드립 같은 물 붓기 기술을 사용하지 않아도 되므로 요즘처럼 레시피 기반의 추출 방식을 적용하기 좋다. 특히 산미가 적절히 조성된 미디엄 로스팅 추출에 적합하다. 버전 업을 통해 느린 유속을 갖게 된 고노 드리퍼의 재질은 플라스틱만 있으며 색상은 다양해 취향에 맞게 고를 수 있다. 사이즈는 2~4인용과 1~2인용이 있다. 필터의 경우 전용 필터가 있지만 하리오 V60 필터도 호환된다. 그럼 이제 고노 드리퍼의 레시피를 알아보자. 물 붓는 시간 간격은 HOT 30초, ICE 35초다.

{ 고노 레시피 HOT (for 미디엄 로스팅) }

가공 방식	분쇄 범위 (코만단테 C60 기준)		온도
	2~4인용	1~2인용	85~87°C
워시드	23~25클릭	20~22클릭	

물 붓기 공식	사이즈	도징량	물 총량	비율	
6-7-7-10	2~4인용	18~19g	300g	1:16.66	1:15.78
5-6-6-8	1~2인용	15~16g	250g	1:16.66	1:15.62

물 붓기 공식			2~4인용		1~2인용	
회차	방법	붓는 시간	정량	저울 표시량	정량	저울 표시량
1차	서클	00:00	60g	60g	50g	50g
2차	서클	00:30	70g	130g	60g	110g
3차	서클	01:00	70g	200g	60g	170g
4차	서클or센터	01:30	100g	300g	80g	250g
30초 간격으로 물 붓기			총 추출 시간 2분 ~ 2분 20초			

{ 고노 HOT 브루잉 추출 순서 }

*자세한 내용은 물 붓기 공식 참조

1. 설정한 온도에 맞게 물을 끓인다.
2. 필터를 린싱한다.
3. 설정한 분쇄도로 분쇄를 진행한다.
4. 분쇄 원두를 드리퍼에 담는다.
5. 분쇄 입자의 수평을 맞춘다.
6. 1~3차는 30초 간격으로 서클 푸어를 진행한다.
7. 4차는 30초 간격으로 센터 푸어를 진행한다.
   * 4차 추출 시 물이 너무 잘 빠지면 서클 푸어만 진행한다.
8. 추출한 커피를 즐긴다.

 관련 영상 보기

2

4

6

chapter 7

{ 고노 드리퍼 ICE (for 미디엄 로스팅) }

분쇄 범위 (코만단테 C60 기준)			온도
로스팅	2~4인용	1~2인용	85~87°C
미디엄	13~15클릭	10~12클릭	

물 붓기 공식	사이즈	도징량	물 총량	비율	
6-7-7	2~4인용	18~19g	200g	1:11.11	1:10.52
5-6-6	1~2인용	15~16g	170g	1:11.33	1:10.62

물 붓기 공식			2~4인용		1~2인용	
회차	방법	붓는 시간	정량	저울 표시량	정량	저울 표시량
1차	서클	00:00	60g	60g	50g	50g
2차	서클	00:35	70g	130g	60g	110g
3차	서클	01:10	70g	200g	60g	170g
35초 간격으로 물 붓기				총 추출 시간 2분 20초~30초		

{ 고노 ICE 브루잉 추출 순서 }

*자세한 내용은 물 붓기 공식 참조

1. 설정한 온도에 맞게 물을 끓인다.
2. 필터를 린싱한다.
3. 설정한 분쇄도로 분쇄를 진행한다.
4. 분쇄 원두를 드리퍼에 담는다.
5. 분쇄 입자의 수평을 맞춘다.
6. 1차~3차까지 35초 간격으로 서클 푸어를 진행한다.
7. 얼음이 가득 담긴 잔을 준비한다.
8. 커피를 잔의 벽과 얼음 사이로 따른다.
9. 바 스푼이나 스틱을 이용해 얼음을 최소한으로 녹이며 커피를 차갑게 만든다.
10. 잔을 잡고 있는 손이 충분히 차가움을 느낄 정도로 돌린 후 얼음을 2~3알 더 담는다.
11. 빨대 혹은 입으로 커피를 바로 음용하며 즐긴다.

[칼리타 웨이브]

오랜 역사를 갖고 있는 일본의 칼리타 사에서 제작한 칼리타 웨이브는 플랫형을 대표하는 드리퍼다. 안정적인 추출로 균형 있는 향미의 커피를 만들 수 있는 칼리타 웨이브는 브루잉 초심자에게 적극 권장하는 드리퍼. 칼리타 웨이브를 대표하는 재질은 관리가 비교적 수월한 스테인리스다. 플라스틱과 동 재질도 있지만 많이 사용되지 않는다. 드리퍼 사이즈는 2~4인용인 185와 1~2인용인 155가 있다.

칼리타 웨이브 185와 155

안정적인 추출을 만드는 요인은 단연 드리퍼의 구조다. 먼저 살펴봐야 하는 것은 에이프릴 드리퍼를 소개하면서 언급한 가로형 리브다. 드리퍼의 벽면을 원형으로 두르고 있는 칼리타 웨이브의 가로형 리브는 추출수가 각 리브에 걸려 일정한 속도로 내려가도록 설계됐다.

일정한 추출 속도는 곧 안정적이고 일관된 향미 추출과 직결된다. 또 하나 주목해야 할 점은 드리퍼 하단의 추출구다. 칼리타 웨이브 하단에는 제조사가 '웨이브 존Wave Zone'이라고 칭한 부분이 있다. 볼록 튀어나온 세 개의 선을 일컫는 웨이브 존은 균형 있게 배열된 세 개의 작은 추출구를 연결해주는 형태로, 안정적인 향미 추출을 가능하게 하는 핵심이다.

칼리타 웨이브의 가로형 리브와 웨이브 존

앞서 설명했듯 플랫형 드리퍼는 하단 전체에 압력이 크게 작용한다. 압력이 가장 크게 작용하는 하단에 볼록하게 튀어나온 웨이브 존과 접촉하는 부분에는 압력이 다르게 작용하며 커피 추출을 원활하게 만든다. 칼리타 웨이브의 구조를 제대로 이해하기 위해 이 부분을 좀 더 자세히 생각해보자.

칼리타 웨이브 필터를 린싱한 뒤 분쇄 원두를 담았다. 추출이 시작되면 드리퍼 내부 압력은 물이 차오르는 양에 맞게 올라간다. 드리퍼 하단 전체에 압력이 집중되고, 웨이브 존과 맞닿은 부분은 압력이 약해지면서 커피 추출이 원활해진다. 웨이브 존의 각 끝에 위치한 작은 추출구로 커피가 고여서 추출된 커피가 흘러나온다. 이렇게 추출된 커피는 단맛과 바디가 좋고 향미 밸런스가 우수하다. 자, 이제 칼리타 웨이브의 레시피를 알아보자. 시간 간격은 HOT 35초, ICE 40초다.

{ 칼리타 웨이브 레시피 HOT (for 미디엄 로스팅) }

분쇄 범위 (코만단테 C60 기준)			온도
로스팅	185 (2~4인용)	155 (1~2인용)	85~87°C
미디엄	25~27클릭	22~24클릭	

물 붓기 공식	사이즈	도징량	물 총량	비율	
5-8-7-10	185 (2~4인용)	18~19g	300g	1:16.66	1:15.78
4-7-6-8	155 (1~2인용)	15~16g	250g	1:16.66	1:15.62

물 붓기 공식			185 (2~4인)		155 (1~2인)	
회차	방법	붓는 시간	정량	저울 표시량	정량	저울 표시량
1차	서클	00:00	50g	50g	40g	40g
2차	서클	00:35	80g	130g	70g	110g
3차	서클	01:10	70g	200g	60g	170g
4차	서클or센터	01:45	100g	300g	80g	250g
35초 간격으로 물 붓기			총 추출 시간 2분 20초~ 2분 50초			

{ 칼리타 웨이브 HOT 브루잉 추출 순서 }

*자세한 내용은 물 붓기 공식 참조

1. 설정한 온도에 맞게 물을 끓인다.
2. 필터를 린싱한다.
3. 설정한 분쇄도로 분쇄를 진행한다.
4. 분쇄 원두를 드리퍼에 담는다.
5. 분쇄 입자의 수평을 맞춘다.
6. 1차부터 3차까지 35초 간격으로 서클 푸어를 진행한다.
7. 4차는 35초 간격으로 센터 푸어를 진행한다.
    * 차수마다 물이 너무 잘 빠지면 서클 푸어만 한다.
8. 추출한 커피를 즐긴다.

2

5

6

7

{ 칼리타 웨이브 레시피 ICE (for 미디엄 로스팅) }

분쇄 범위 (코만단테 C60 기준)			온도
로스팅	185 (2~4인용)	155 (1~2인용)	85~87°C
미디엄	15~17클릭	12~14클릭	

물 붓기 공식	사이즈	도징량	물 총량	비율	
5-8-7	185 (2~4인용)	18~19g	200g	1:11.11	1:10.52
4-7-6	155 (1~2인용)	15~16g	170g	1:11.33	1:10.62

물 붓기 공식			185 (2~4인)		155 (1~2인)	
회차	방법	붓는 시간	정량	저울 표시량	정량	저울 표시량
1차	서클	00:00	50g	50g	40g	40g
2차	서클	00:40	80g	130g	70g	110g
3차	서클	01:20	70g	200g	60g	170g
40초 간격으로 물 붓기			총 추출 시간 2분 20초 ~ 40초			

{ 칼리타 웨이브 ICE 브루잉 추출 순서 }

*자세한 내용은 물 붓기 공식 참조

1. 설정한 온도에 맞게 물을 끓인다.
2. 필터를 린싱한다.
3. 설정한 분쇄도로 분쇄를 진행한다.
4. 분쇄 원두를 드리퍼에 담는다.
5. 분쇄 입자의 수평을 맞춘다.
6. 1차부터 3차까지 40초 간격으로 서클 푸어를 진행한다.
7. 얼음이 가득 담긴 잔을 준비한다.
8. 추출된 커피를 잔의 벽과 얼음 사이로 따른다.
9. 바 스푼이나 스틱을 이용해 얼음을 최소한으로 녹이며 커피를 차갑게 만든다.
10. 잔을 잡고 있는 손이 충분히 차가움을 느낄 정도로 돌린 후 얼음을 2~3알 더 담는다.
11. 빨대 혹은 입으로 커피를 바로 음용하며 즐긴다.

초심자들의 이해를 돕기 위해서 칼리타 웨이브를 미디엄 로스팅에 적합한 도구로 안내했지만, 미디엄 라이트에도 사용하기 적합한 드리퍼이므로 에이프릴 드리퍼의 레시피를 분쇄만 조금 더 굵게 조정해 활용해도 된다. 덧붙여 필자가 안내하는 레시피들은 변수 조정을 통해 드리퍼별로 서로 바꿔서 사용할 수 있다. 변수 조정이 자유로워질 수 있도록 꾸준히 훈련하자.

지금까지 미디엄 로스팅의 물 붓기 방법으로 유속이 적절한 드리퍼의 레시피를 알아봤다. 이제 다크 로스팅의 물 붓기 방법을 통해 유속이 느린 드리퍼의 레시피를 알아보자.

다크 로스팅의 물 붓기 공식

다크 로스팅의 물 붓기 공식은 유속이 느린 드리퍼를 중심으로 알아본다.

다크 로스팅에 적합한 코니컬형 드리퍼	다크 로스팅에 적합한 플랫형 드리퍼
케멕스	디셈버 바텀리스

{ 다크 로스팅 물 붓기 공식 코니컬형 (HOT) }

물 붓기 공식	드리퍼 사이즈	도징량	물 총량	비율	
6-14-10	2~4인용	19~20g	300g	1:15.78	1:15
5-12-8	1~2인용	16~17g	250g	1:15.62	1:14.70

6-14-10

2~4인용 사이즈에 적합하다. 60g - 140g - 100g의 순서대로 총 300g의 물을 세 차례로 나눠 붓는다.

5-12-8

1~2인용 사이즈에 적합하다. 50g - 120g - 80g의 순서대로 총 250g의 물을 세 차례로 나눠 붓는다.

{ 다크 로스팅 물 붓기 공식 코니컬형 (ICE) }

물 붓기 공식	드리퍼 사이즈	도징량	물 총량	비율	
6-14	2~4인용	19~20g	200g	1:10.52	1:10
5-12	1~2인용	15~16g	170g	1:11.33	1:10.62

6-14

2~4인용 사이즈에 적합하다. 60g - 140g의 순서대로 총 200g의 물을 두 차례로 나눠 붓는다.

5-12

1~2인용 사이즈에 적합하다. 50g - 120g의 순서대로 총 170g의 물을 두 차례로 나눠 붓는다.

{ 다크 로스팅 물 붓기 공식 플랫형 (HOT) }

물 붓기 공식	드리퍼 사이즈	도징량	물 총량	비율	
5-15-10	2~4인용	20~21g	300g	1:15	1:14.78
4-13-8	1~2인용	17~18g	250g	1:14.70	1:13.88

5-15-10

2~4인용 사이즈에 적합하다. 50g - 150g - 100g의 순서대로 총 300g의 물을 세 차례로 나눠 붓는다.

4-13-8

1~2인용 사이즈에 적합하다. 40g - 130g - 80g의 순서대로 총 250g의 물을 세 차례로 나눠 붓는다.

{ 다크 로스팅 물 붓기 공식 플랫형 (ICE) }

물 붓기 공식	드리퍼 사이즈	도징량	물 총량	비율	
5-15	2~4인용	20~21g	200g	1:10	1:9.52
4-13	1~2인용	17~18g	170g	1:10	1:9.44

5-15

2~4인용 사이즈에 적합하다. 50g-150g의 순서대로 총 200g의 물을 두 차례로 나눠 붓는다.

4-13

1~2인용 사이즈에 적합하다. 40g-130g의 순서대로 총 170g의 물을 두 차례로 나눠 붓는다.

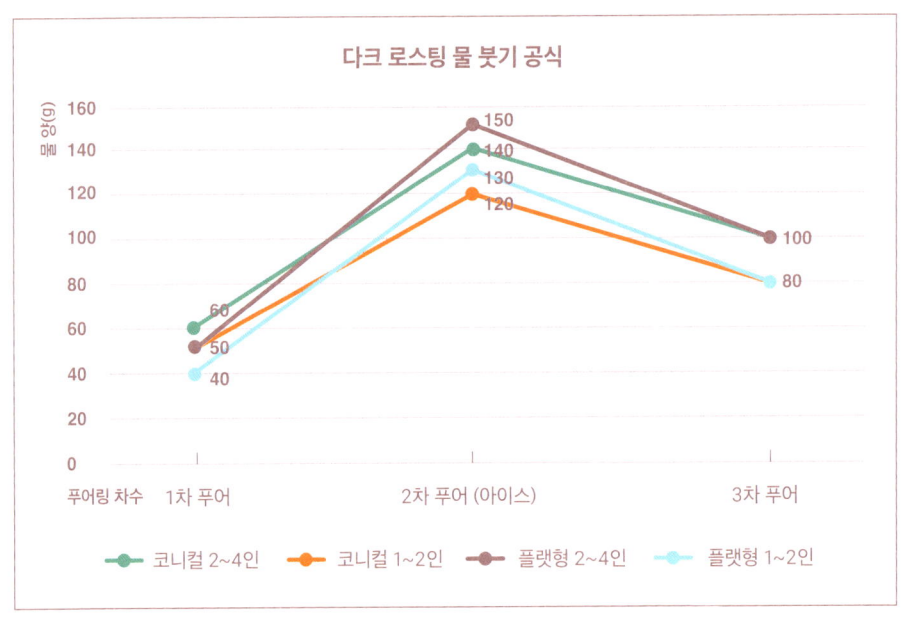

향미 조성이 가장 단순한 다크 로스팅은 물 붓기 공식도 가장 단순하다. 앞서 설명했듯 다크 로스팅의 구수하고 씁쓸한 향미는 추출이 수월하기 때문이다. 그래서 구수하고 씁쓸한 향미와 어울리는 바디와 마우스필을 잘 담아내는 게 중요하다. 구수하고 씁쓸한데 바디가 가벼운 것은 아무래도 어울리지 않는다. 가장 커피다운 느낌의 다크 로스팅은 부드럽고 묵직하게 추출하는 게 잘 어울린다. 적절한 향미 추출을 위해 HOT 브루잉을 기준으로 추출 차수를 3차로 구성했고 1차를 제외한 2, 3차에는 충분한 침지를 유도한다. 바디와 마우스필에 집중된 커피를 추출하기 위함이다.

물 붓는 간격은 30초를 기본으로 한다. 다크 로스팅의 본질에 충실한 커피라면 30초 간격으로 추출해도 충분히 깊이 있는 향미가 나올 것이다. 경우에 따라 충분하지 않다면 라이트, 미디엄 로스팅 물 붓기에서 학습한 대로 물 붓는 시간 간격을 5초 단위로 조절해보자. 물 온도를 조절하는 것도 방법이다.

다크 로스팅은 분쇄 입자들이 침지되어 충분히 추출될 수 있도록 모든 추출 차수에 서클 푸어를 적극적으로 활용하자. 그렇게 해도 침지 시간이 길기 때문에 추출력의 밸런스가 맞을 것이다.

이어서 다크 로스팅의 HOT과 ICE 브루잉 제조 과정을 소개한다. 대부분 앞서 소개한 라이트와 미디엄 로스팅 물 붓기 공식과 비슷하지만, 물 붓는 횟수의 변동에 맞게 달라지는 내용이 있으니 드리퍼에 따른 레시피 학습에 앞서 꼭 확인하자.

{ HOT 브루잉 추출 순서 }

1. 설정한 온도에 맞게 물을 끓인다.

2. 필터를 린싱한다.
 ㄴ 케멕스는 특히 린싱에 주의를 기울여야 한다. 이 부분은 케멕스 레시피에서 자세히 소개하겠다. 디셈버 바텀리스는 미디엄 로스팅의 물 붓기 방법에서 안내한 대로 중심부에 물을 충분히 부은 뒤 주름이 있는 부분을 린싱한다.

3. 설정한 분쇄도로 분쇄를 진행한다.
 ㄴ 다크 로스팅이라 하더라도 분쇄가 생각보다 굵지 않으니 잘 확인하고 분쇄하자.

4. 분쇄된 원두를 드리퍼에 담는다.
 ㄴ 다크 로스팅 커피는 라이트와 미디엄보다 무게가 가볍다. 입자가 벽면에 붙지 않게 특히 조심하자.

5. 드리퍼에 담긴 분쇄 입자의 수평을 맞춘다.
 ㄴ 수평을 맞춰야 모든 분쇄 입자에서 고른 추출이 일어난다. 기본 중의 기본인 수평 맞추기를 간과하지 말자.

6. 1차부터 추출을 시작해 알맞은 시간 간격으로 물을 붓는다.
 ㄴ 타이머는 물을 붓기 바로 직전에 작동시켜야 한다. 다크 로스팅은 한 차수에 많은 물을 부어야 하기 때문에 차수마다 서클 푸어를 한다. 원을 두 번씩 돌린다고 생각하고 이에 맞게 속도를 조절하자.

7. 3차 추출을 진행하며 물이 잘 빠지지 않으면 센터 푸어를 진행한다.
   ↳ 반대로 물이 너무 잘 빠지면 서클 푸어를 더 적극적으로 진행한다.

8. 추출한 커피를 즐긴다. 더 나은 다음 추출을 위한 변수 조정도 생각해본다.

{ ICE 브루잉 추출 순서 }

지금까지 학습했듯 HOT 레시피를 따르되 ICE 레시피에 맞게 2차에 추출을 마친다. 이후 과정도 같다.

1. 얼음이 가득 담긴 잔을 준비한다.

2. 추출된 커피를 잔의 벽과 얼음 사이로 따른다.

3. 바 스푼(없다면 길이가 긴 스푼이나 스틱)을 잔의 벽면으로 돌려 얼음을 최소한으로 녹이며 커피를 차갑게 만든다.
   ↳ 얼음이 많이 녹으면 진한 농도로 추출한 커피도 밍밍해진다. 얼음이 최소한으로 녹도록 하는 것이 핵심이다.

4. 잔을 잡고 있는 손으로 충분히 차가움을 느낄 정도로 돌린 후 얼음을 2~3알 더 담는다.

5. 빨대 혹은 입으로 커피를 바로 음용하며 즐긴다. 다음 추출을 위한 변수 조정도 생각해본다.

다크 로스팅 드리퍼별 레시피

[케멕스]

1941년 독일계 미국인인 화학자 피터 쉴럼봄Peter Schlumbohm 박사가 발명했다. 특유의 X자 구조로 향과 바디, 마우스필이 뛰어나다. 추출된 커피의 맛도 좋지만 케멕스는 제품 디자인으로도 주목받는 드리퍼다. 미국 일리노이 공대는 이를 '현존하는 최고의 디자인'으로 선정했고 이 밖에 뉴욕 현대 미술관(MoMA), 코닝 유리 박물관, 스미 소니언 협회 등에 영구 전시됐다.

케멕스는 크게 나무 손잡이형과 유리 손잡이형으로 나뉜다. 감성을 고려하면 나무 손잡이형이, 케멕스에서 올라오는 향을 바로 즐기기에는 유리 손잡이형이 좋다. 사이즈는 크기별로 다섯 가지나 있지만, 가장 많이 쓰이는 것은 3컵과 6컵 두 가지다.

케멕스는 드리퍼와 서버가 결합된 일체형 드리퍼다. X자로 보이는 구조는 이 때문이다. 이러한 구조 덕분에 커피가 추출되며 향이 서버 안에 머문다. 이는 리브인 동시에 커피를 따르는 역할을 하는 에어채널과 함께 기능한다. 커피가 추출되면 서버 안에 있던 공기가 에어채널을 통

케멕스 3컵과 6컵

해 외부로 빠지게 되고 서버 안에는 커피 향이 가득 찬다. '공기통로'라는 뜻을 가진 이름이 붙은 것도 이 때문이다. 두꺼운 케멕스 필터의 겹친 면은 리브 역할을 하는 에어채널에 위치하도록 한다. 그럼으로써 다른 면과 추출 속도의 밸런스를 이룬다.

케멕스 추출의 특징은 전용 필터로도 만들어진다. 곡물 성분이 함유된 전용 필터는 케멕스의 구조와 만나 일정한 추출 속도를 형성하며, 필터링 효과가 우수하여 깔끔한 향미의 커피를 만든다. 종류는 사각과 원형, 또 비표백과 표백으로 나뉜다. 근래에는 대부분 표백 제품을 사용한다. 모양의 경우 개인의 취향에 따라 선택하면 되는데, 필자는 필터 걷기가 용이한 사각을 추천한다. 일체형 구조의 케멕스는 필터를 잘 걷어내는 게 중요하기 때문이다. 3컵용은 원형 필터만 있고 접어서 사용해야 하는 번거로움이 있긴 하지만, 특유의 감성으로 많은 사람의 선택을 받는다. 3컵 필터를 접는 방법은 패키지에 나와 있으나 어려워하는 경우가 많아 필자가 사진으로 안내한다.

필자는 케멕스를 다크 로스팅 커피 추출 도구로 권한다. 일정하게 느린 추출 속도와 우수한 필터링 효과로 다른 어떤 도구보다 다크 로스팅 커피 추출에 탁월하기 때문이다. 케멕스로 추출

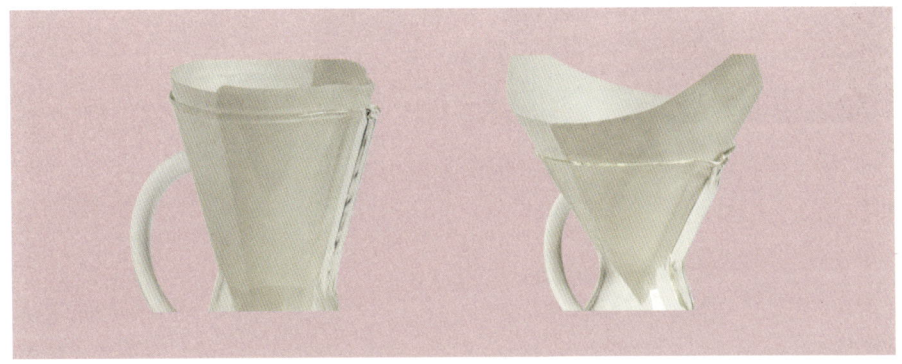

케멕스 3컵과 6컵에 필터가 안착된 모습

한 다크 로스팅 커피는 부드럽고 진하다. 그럼, 케멕스의 레시피를 알아보자. 시간 간격은 HOT 30초, ICE 40초. 참고로 케멕스 6컵과 3컵은 2~4인용, 1~2인용으로 분류하기엔 사이즈가 크다. 하지만 안내하는 레시피의 적정량이기 때문에 편의상 지금까지의 사이즈 분류를 그대로 사용한다.

케멕스 3컵 필터 접는 법

1 필터를 쫙 펼친다.
2 필터를 반으로 접는다.
3 하단의 튀어나온 부분을 안쪽으로 접어준다.
4 그 상태에서 다시 반으로 접는다.
5 필터의 겹친 면을 에어채널 쪽으로 두어 드리퍼에 올린다.

{ 케멕스 레시피 HOT (for 다크 로스팅) }

분쇄 범위 (코만단테 C60 기준)			온도
로스팅	6컵 (2~4인용)	3컵 (1~2인용)	80~82°C
다크	33~35클릭	30~32클릭	

물 붓기 공식	사이즈	도징량	물 총량	비율	
6-14-10	6컵 (2~4인용)	19~20g	300g	1:15.78	1:15
5-12-8	3컵 (1~2인용)	16~17g	250g	1:15.62	1:14.70

물 붓기 공식			6컵 (2~4인용)		3컵 (1~2인용)	
회차	방법	붓는 시간	정량	저울 표시량	정량	저울 표시량
1차	서클	00:00	60g	60g	50g	50g
2차	서클	00:30	140g	200g	120g	170g
3차	서클or센터	01:00	100g	300g	80g	250g
30초 간격으로 물 붓기				총 추출 시간 1분 50초 ~ 2분 10초		

{ 케멕스 HOT 브루잉 추출 순서 }

*자세한 내용은 물 붓기 공식 참조

1. 설정한 온도에 맞게 물을 끓인다.
2. 아래의 방법으로 필터를 린싱한다.
   * 필터의 겹쳐지는 부분을 에어채널로, 높이가 낮은 쪽을 몸의 안쪽으로 향하게 한다. 필터의 하단부터 물을 부어 젖어 오르면 필터가 벽면에 잘 붙을 수 있도록 고르게 린싱한다.
3. 설정한 분쇄도로 분쇄를 진행한다.
4. 분쇄 원두를 드리퍼에 담는다.
5. 분쇄 입자의 수평을 맞춘다.
6. 타이머를 작동시키는 즉시 서클 푸어로 1차 추출을 시작한다.
7. 2차 추출을 서클 푸어로 진행한 뒤 케멕스 중간을 잡고 2초간 흔들어 교반한다.
   * 교반을 통해 모든 입자가 한번 더 고르게 섞이며 추출이 원활하게 이뤄지도록 유도한다.
8. 3차 추출은 센터 푸어로 진행하는데, 물이 너무 잘 빠지면 서클 푸어로 진행한다.
9. 추출한 커피를 즐긴다.

2

6

7

투과식 드리퍼의 물 붓기 공식과 레시피

8

{ 케멕스 레시피 ICE (for 다크 로스팅) }

분쇄 범위 (코만단테 C60 기준)			온도
로스팅	6컵 (2~4인용)	3컵 (1~2인용)	80~82°C
다크	23~25클릭	20~23클릭	

물 붓기 공식	사이즈	도징량	물 총량	비율	
6-14	6컵 (2~4인용)	19~20g	200g	1:10.52	1:10
5-12	3컵 (1~2인용)	16~17g	170g	1:10.62	1:10

물 붓기 공식			6컵 (2~4인용)		3컵 (1~2인용)	
회차	방법	붓는 시간	정량	저울 표시량	정량	저울 표시량
1차	서클	0:00	60g	60g	50g	50g
2차	서클	0:40	140g	200g	120g	170g
40초 간격으로 물 붓기			총 추출 시간 1분 50초~ 2분			

{ 케멕스 ICE 브루잉 추출 순서 }

*자세한 내용은 물 붓기 공식 참조

1. 설정한 온도에 맞게 물을 끓인다.
2. 아래의 방법으로 필터를 린싱한다.
   * 필터의 겹쳐지는 부분을 에어채널로, 높이가 낮은 쪽을 몸의 안쪽으로 향하게 한다. 필터의 하단부터 물을 부어 젖어 오르면 필터가 벽면에 잘 붙을 수 있도록 고르게 린싱한다.
3. 설정한 분쇄도로 분쇄를 진행한다.
4. 분쇄 원두를 드리퍼에 담는다.
5. 분쇄 입자의 수평을 맞춘다.
6. 타이머를 작동시키는 즉시 서클 푸어로 1차 추출을 시작한다.
7. 2차 추출을 서클 푸어로 진행한 뒤 케멕스 중간을 잡고 2초간 흔들어 교반을 한다.
   * 교반을 통해 모든 입자가 한번 더 고르게 섞이며 추출이 원활하게 이뤄지도록 유도한다.
8. 얼음이 가득 담긴 잔을 준비한다.
9. 추출된 커피를 잔의 벽과 얼음 사이로 따른다.
10. 바 스푼이나 스틱을 이용해 얼음을 최소한으로 녹이며 커피를 차갑게 만든다.
11. 잔을 잡고 있는 손이 충분히 차가움을 느낄 정도로 돌린 후 얼음을 2~3알 더 담는다.
12. 빨대 혹은 입으로 커피를 바로 음용하며 즐긴다.

투과식 드리퍼의 물 붓기 공식과 레시피

[디셈버 바텀리스]

디셈버 바텀리스는 국내 업체인 CBSC 인터내셔널에서 만든 순수 국산 드리퍼다. 대표인 이영민 바리스타가 다년간의 커피 추출 메카닉을 집대성하여 제작한 플랫형 드리퍼로, 먼저 출시된 스테인리스 버전은 추출구 개수를 조절할 수 있도록 만들어졌다. 이후 하단부를 제거한 바텀리스가 세라믹 재질로 출시되어 이전 버전보다 더욱 각광받고 있다.

호응을 얻은 이유는 단순함에서 나오는 드리퍼의 유려한 디자인과 편리성 때문이다. 오레아 V3, 에이프릴, 칼리타 웨이브처럼 주름필터를 호환하여 사용할 수 있고, 세라믹 소재라 세척 및 관리가 용이하다. 시중에 판매되는 주 색상은 하얀색과 검은색이지만 따로 제작된 노란색과 파란색 제품도 있다.

디셈버 드리퍼는 무게가 묵직하다. 추출되는 커피도 드리퍼의 무게만큼이나 묵직하다. 특유의 구조로 인한 느린 추출 속도 때문이다. 디셈버 드리퍼 하단에는 매우 큰 추출구가 있다. 추출구를 잘 살펴보면 주름필터 하단이 밀착될 수 있는 원형의 구조물이 있는데, 커피는 바로 여기서 추출된다.

이는 앞에서 설명했던 다른 플랫형 드리퍼에서는 볼 수 없는 구조다. 다른 플랫형 드리퍼들은

드리퍼 정면

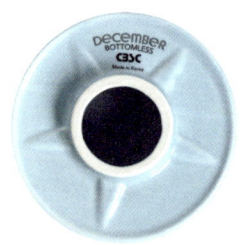
드리퍼 하단부

커다란 추출구

모두 압력이 하단으로 내려가도록 유도하는 구조물이 있었다. 커피는 각 구조물과 맞닿는 지점에서 추출되고, 이 구조물의 형태에 따라 추출 속도가 정해졌다. 그런데 디셈버 드리퍼는 플랫형 바닥에 닿는 구조물이 없다. 압력이 내려가는 부분은 주름필터가 밀착되는 원형의 구조물이다. 추출 중 필터 바닥은 물의 무게로 인한 압력을 지속적으로 받게 되고, 바닥 옆의 원형 구조물에서는 커피가 추출된다. 이렇게 추출 중 압력이 내려가는 면적이 적어 디셈버 드리퍼는 추출 속도가 느리다. 이러한 특징 때문에 커피가 묵직하게 추출된다. 드리퍼 내부에서 침지 추출이 충분히 일어나기 때문이다.

따라서 디셈버 바텀리스는 다크 로스팅에서 좋은 퍼포먼스를 보여준다. 특유의 구조 덕분에 로스팅이 어느 정도 진행된 원두를 굵게 분쇄해 추출하면 쓴맛이 적고 바디는 묵직하면서 마우스필은 부드러운 커피가 만들어진다. 디셈버 바텀리스는 추출구가 커다란 원형 모양이라 플랫형 드리퍼 중 유일하게 원뿔형 필터 사용이 가능하다. 이 필터를 사용해도 추출 속도는 느려서 원뿔형의 특징인 강렬한 향미까지 얻을 수 있다.

디셈버 바텀리스도 에이프릴처럼 사이즈가 하나다. 마찬가지로 원두 양을 달리한 두 가지 레시피를 알아본다. 미디엄 로스팅 물붓기를 적용했으며 시간 간격은 HOT 35초, ICE 40초다.

{ 디셈버 바텀리스 레시피 HOT (for 다크 로스팅) }

로스팅	분쇄 범위 (코만단테 C60 기준)		온도
	원두 20~21g	원두 17~18g	80~82°C
다크	28~30클릭	27~29클릭	

물 붓기 공식	도징량	물 총량	비율	
5-15-10	20~21g	300g	1:15	1:14.28
4-13-80	17~18g	250g	1:14.70	1:13.88

물 붓기 공식			원두 20~21g		원두 17~18g	
회차	방법	붓는 시간	정량	저울 표시량	정량	저울 표시량
1차	서클	00:00	50g	50g	40g	40g
2차	서클	00:35	150g	200g	130g	170g
3차	서클or센터	01:10	100g	300g	80g	250g
35초 간격으로 물 붓기			총 추출 시간 1분 50초~2분 10초			

{ 디셈버 바텀리스 HOT 브루잉 추출 순서 }

*자세한 내용은 물 붓기 공식 참조

1. 설정한 온도에 맞게 물을 끓인다.
2. 필터를 린싱한다.
3. 설정한 분쇄도로 분쇄를 진행한다.
4. 분쇄 원두를 드리퍼에 담는다.
5. 분쇄 입자의 수평을 맞춘다.
6. 1차부터 2차까지는 35초 간격으로 서클 푸어를 진행한다.
7. 3차는 35초 간격으로 센터 푸어를 진행한다.
    * 차수마다 물이 너무 잘 빠지면 서클 푸어만 한다.
8. 추출한 커피를 즐긴다.

2

5

6

7

{ 디셈버 바텀리스 레시피 ICE (for 다크 로스팅) }

로스팅	분쇄 범위 (코만단테 C60 기준)		온도
	원두 20~21g	원두 17~18g	80~82°C
다크	18~20클릭	17~19클릭	

물 붓기 공식	도징량	물 총량	비율	
5-15	20~21g	200g	1:10	1:9.52
4-13	17~18g	170g	1:10	1:9.44

물 붓기 공식			원두 20~21g		원두 17~18g	
회차	방법	붓는 시간	정량	저울 표시량	정량	저울 표시량
1차	서클	00:00	50g	50g	40g	40g
2차	서클	00:40	150g	200g	130g	170g
40초 간격으로 물 붓기			총 추출 시간 1분 50초~2분			

{ 디셈버 바텀리스 ICE 브루잉 추출 순서 }

1. 설정한 온도에 맞게 물을 끓인다.
2. 필터를 린싱한다.
3. 설정한 분쇄도로 분쇄를 진행한다.
4. 분쇄된 원두를 디셈버에 담는다.
5. 분쇄 입자의 수평을 맞춘다.
6. 1차부터 2차까지 40초 간격으로 서클 푸어를 진행한다.
7. 얼음이 가득 담긴 잔을 준비한다.
8. 추출된 커피를 잔의 벽과 얼음 사이로 따른다.
9. 바 스푼이나 스틱을 이용해 얼음을 최소한으로 녹이며 커피를 차갑게 만든다.
10. 잔을 잡고 있는 손이 충분히 차가움을 느낄 정도로 돌린 후 얼음을 2~3알 더 담는다.
11. 빨대 혹은 입으로 커피를 바로 음용하며 즐긴다.

지금까지 투과식 드리퍼의 로스팅 정도에 따른 물 붓기 공식과 함께 다양한 드리퍼의 레시피를 알아봤다. 각 로스팅 정도에 맞게 필자가 제안한 레시피는 브루잉 초심자를 위한 추천으로, 꼭 똑같이 사용해야 하는 것은 아니다. 각자 원하는 레시피에 필자가 제안한 물 붓기 방법들을 다양하게 적용해보길 추천한다. 추구하는 커피와 드리퍼의 구조에 따라 필요한 변수들을 조정하면 변칙적으로 사용할 수 있다. 다음 장부터는 침지식 드리퍼의 레시피를 알아보자.

침지식 드리퍼의 레시피

{ 8 }

침지식 드리퍼는 분쇄 커피가 물에 완전히 잠기도록 하는 방식이라 물 붓는 방법이 단순하다. 투과식처럼 회차를 나눠서 부어도 상관 없지만, 침지식의 큰 장점은 사용의 편리성과 단순함이므로 물을 한 번에 붓는 방법을 권한다.

모든 로스팅 정도에 사용 가능한 침지식 드리퍼
클레버, 프렌치 프레스

그래서 침지식 드리퍼로 추출할 땐 물 온도가 높은 게 좋다. 한 번 부은 물은 뚜껑을 덮어도 시간이 지남에 따라 온도가 떨어진다. 높은 온도에서 자연스럽게 조금 낮은 온도로 추출이 이뤄지는 것이다. 침지 방식에서도 커피 성분은 초반에 많이 추출되기 때문에 물 온도가 낮아지며 추출력이 떨어지는 후반 추출과의 밸런스를 고려해야 한다. 그럼 지금부터 침지식 드리퍼의 레시피를 필자가 추천하는 도구별 로스팅 정도에 따라 안내한다.

침지식 드리퍼별 레시피

[클레버]

대만에서 만들어진 클레버Clever는 '영리한', '똑똑한'이란 뜻을 갖고 있다. 이름처럼 이 드리퍼의 구조는 영리하게 설계되어 있는데, 드리퍼 안쪽 하단을 보면 그 이유를 알 수 있다.

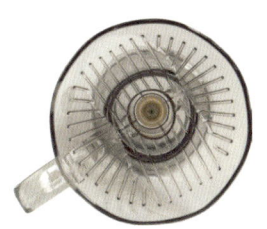 

클레버 하단의 실리콘 패킹

클레버 안쪽 하단에는 '실리콘 패킹'이 있다. 드리퍼를 평평한 바닥에 두면 실리콘 패킹이 닫혀 내부에 물을 부어도 흘러나오지 않으므로 침지 추출이 가능하다. 드리퍼를 서버 위에 올려 실리콘 패킹이 개방되면 추출구로 커피액이 흘러나온다. 실리콘 패킹이 닫힌 상태에 물을 부어 원하는 시간 동안 커피를 침지시키고, 추출을 원할 땐 클레버를 서버 위에 올리면 돼 사용이 간편하다.

클레버의 재질은 트라이탄으로 플라스틱처럼 보이지만 환경호르몬이 나오지 않는 특수 재질이다. 색상이 다양해 취향에 맞게 선택할 수 있으며 사이즈는 2~4인용과 1~2인용 두 가지다. 전용 필터가 있긴 하지만 사다리꼴 모양의 필터면 호환 가능하다.

클레버는 모든 로스팅 포인트에서 준수한 퍼포먼스를 보여주지만, 필자는 특히 미디엄 로스팅 커피를 추천한다. 클레버로 추출한 미디엄 로스팅 커피는 밸런스가 좋다.

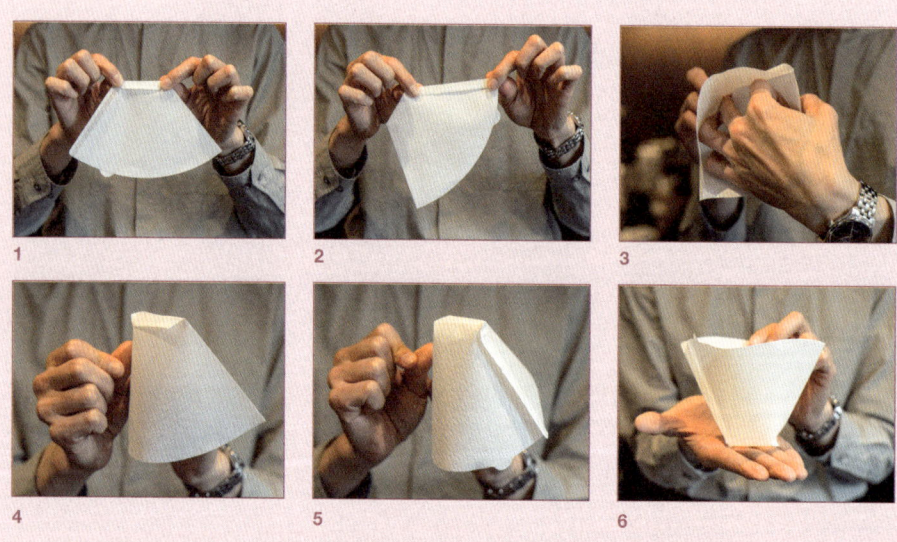

클레버 필터 접는 법

1 필터 하단 날개를 접는다.
2 필터 옆 날개를 접는다.
3 필터 안쪽면 하단을 손가락으로 꾹꾹 눌러 공간을 만들어준다.
4-5 마찬가지로 필터 바깥면 양쪽을 꾹꾹 눌러 모양을 잡아준다.
6 사진과 같이 모양이 잡히면 완성.

{ 클레버 브루잉 레시피 HOT & ICE (for 미디엄 로스팅) }

구분	사이즈	분쇄 범위 (코만단테 C60 기준)	물 온도	침지 시간
HOT	2~4인용	30~32클릭	93°C	4분
ICE		20~22클릭		
HOT	1~2인용	27~29클릭		
ICE		17~19클릭		

구분	사이즈	도징량	물 총량	비율	교반 횟수
HOT	2~4인용	21g	300g	1:14.28	15회
ICE			200g	1:9.52	20회
HOT	1~2인용	18g	250g	1:13.88	15회
ICE			170g	1:9.44	20회

침지식 드리퍼의 레시피

{ 클레버 HOT 브루잉 추출 순서 }

1. 설정한 온도에 맞게 물을 끓인다.
2. 필터를 린싱한다.

    * 린싱은 물이 바로 빠지도록 클레버를 서버에 올려 실리콘 패킹이 열린 상태로 진행한다.

3. 설정한 분쇄도로 분쇄를 진행한다.
4. 분쇄 원두를 드리퍼에 담는다.
5. 분쇄 입자의 수평을 맞춘다.
6. 추출해야 할 물을 서클 푸어로 한 번에 붓는다.
7. 스틱을 이용해 고르게 15번 교반한 뒤 뚜껑을 닫는다.

    * 교반 스틱으로 인해 필터에 상처가 생기지 않게 조심한다.

8. 4분이 경과하면 뚜껑을 제거하고 클레버를 서버에 올려 추출된 커피를 내린다.
9. 커피가 다 내려간 것을 확인한 뒤 서버에서 드리퍼를 내린다.
10. 추출한 커피를 즐긴다.

2

6

7

침지식 드리퍼의 레시피

9

{ 클레버 ICE 브루잉 추출 순서 }

*6번까지는 HOT 레시피와 동일

1. 설정한 온도에 맞게 물을 끓인다.
2. 필터를 린싱한다.
   * 린싱은 물이 바로 빠지도록 클레버를 서버에 올려 실리콘 패킹이 열린 상태로 진행한다.
3. 설정한 분쇄도로 분쇄를 진행한다.
4. 분쇄 원두를 드리퍼에 담는다.
5. 분쇄 입자의 수평을 맞춘다.
6. 추출해야 할 물을 서클 푸어로 한 번에 붓는다.
7. 스틱을 이용해 고르게 20번 교반한 뒤 뚜껑을 닫는다.
   * 교반 스틱으로 인해 필터에 상처가 생기지 않게 조심한다.
8. 4분이 경과하면 뚜껑을 제거하고 클레버를 서버에 올려 추출된 커피를 내린다.
9. 커피가 다 내려간 것을 확인한 뒤 서버에서 드리퍼를 내린다.
10. 얼음이 가득 담긴 잔을 준비한다.
11. 추출된 커피를 잔의 벽과 얼음 사이로 따른다.
12. 바 스푼이나 스틱을 이용해 얼음을 최소한으로 녹이며 커피를 차갑게 만든다.
13. 잔을 잡고 있는 손이 충분히 차가움을 느낄 정도로 돌린 후 얼음을 2~3알 더 담는다.
14. 빨대 혹은 입으로 커피를 바로 음용하며 즐긴다.

[프렌치 프레스]

침지식 도구의 대명사다. 종이 필터를 사용하지 않아 커피가 지닌 향미를 오롯이 느낄 수 있다. 특히 종이 필터에 걸러지는 불용성 고형물인 미세 커피 가루와 오일 성분도 추출되기 때문에 입안에서 커피의 바디와 마우스필이 더욱 풍성하게 느껴진다. 보덤에서 제작된 프렌치 프레스가 가장 잘 알려져 있고, 1944년 첫 출시된 이후에도 꾸준히 디자인과 편의성을 개선하고 있다. 사이즈는 350ml 용량의 3컵과 1L 용량의 8컵으로 나뉜다.

보덤 프렌치 프레스

프렌치 프레스는 사용이 참 쉽다. 분쇄된 원두를 담고 도구의 이름처럼 천천히 프레스Press 하기만 하면 된다. 커피를 침지시키는 시간과 프레스 시간을 따로 정하면 추출 일관성을 얻을 수 있다. 매우 굵게 분쇄하는 것이 좋은 프렌치 프레스 특성상 다크 로스팅 커피를 추천한다. 다크 로스팅의 깊은 맛을 느낄 수 있다.

{ 프렌치 프레스 브루잉 레시피 HOT & ICE (for 다크 로스팅) }

구분	사이즈	분쇄 범위 (코만단테 C60 기준)	온도	총 추출시간	침지	프레스	안정화
HOT	8컵	50~52클릭	90°C	5분	4분	20초	40초
ICE	8컵	40~42클릭	90°C	5분	4분	20초	40초
HOT	3컵	45~47클릭	90°C	4분	3분	20초	40초
ICE	3컵	35~37클릭	90°C	4분	3분	20초	40초

구분	사이즈	도징량	물 총량	비율	교반 횟수
HOT	8컵	35g	600g	1:17.14	20회
ICE	8컵	35g	400g	1:11.42	20회
HOT	3컵	17g	300g	1:17.64	20회
ICE	3컵	17g	200g	1:11.76	20회

{ 프렌치 프레스 HOT 브루잉 추출 순서 }

1. 설정한 온도에 맞게 물을 끓인다.
2. 설정한 분쇄도로 분쇄를 진행한다.
3. 분쇄 원두를 프렌치 프레스에 담는다.
4. 추출해야 할 물을 한번에 붓는다.
5. 교반 스틱으로 위에서 아래, 왼쪽에서 오른쪽을 반복하며 10번 교반한다.
6. 추출 온도가 내려가지 않게 뚜껑을 덮는다.
7. 2분이 되면 다시 교반 스틱으로 위에서 아래, 왼쪽에서 오른쪽을 반복하며 10번 교반한다.
8. 4분이 경과하면 플런저를 20초간 천천히 내린다.
9. 40초간 안정화 시간을 갖는다.
   * 안정화 시간을 통해 플런저 사이를 통과한 커피 입자들을 가라앉힌다.
10. 커피를 천천히 잔에 따른다.
11. 커피의 풍미를 충분히 즐긴다.

4

5

6

{ 프렌치 프레스 ICE 브루잉 추출 순서 }

*9번까지는 HOT 레시피와 동일

1. 설정한 온도에 맞게 물을 끓인다.
2. 설정한 분쇄도로 분쇄를 진행한다.
3. 분쇄 원두를 프렌치 프레스에 담는다.
4. 추출해야 할 물을 한번에 붓는다.
5. 교반 스틱으로 위에서 아래, 왼쪽에서 오른쪽을 반복하며 10번 교반한다.
6. 추출 온도가 내려가지 않게 뚜껑을 덮는다.
7. 2분이 되면 다시 교반 스틱으로 위에서 아래, 왼쪽에서 오른쪽을 반복하며 10번 교반한다.
8. 4분이 경과하면 플런저를 20초간 천천히 내린다.
9. 40초간 안정화 시간을 갖는다.
   * 안정화 시간을 통해 플런저 사이를 통과한 커피 입자들을 가라앉힌다.
10. 얼음이 가득 담긴 잔을 준비한다.
11. 커피를 잔의 벽과 얼음 사이로 따른다.
12. 바 스푼이나 스틱을 이용해 얼음을 최소한으로 녹이며 커피를 차갑게 만든다.
13. 잔을 잡고 있는 손이 충분히 차가움을 느낄 정도로 돌린 후 얼음을 2~3알 더 담는다.
14. 빨대 혹은 입으로 커피를 바로 음용하며 즐긴다.

선택적 투과식·침지식 드리퍼의 레시피

투과식과 침지식 두 가지를 선택적으로 사용할 수 있는 드리퍼를 소개한다.

[에어로프레스]

2005년 미국 에어로비 사에서 발명된 에어로프레스는 공기의 압력을 이용해 커피를 추출하는 트라이탄 소재 드리퍼로, 주사기 같은 형태가 특징이다. 에어로프레스만을 사용하는 대회인 월드에어로프레스챔피언십이 매년 뜨거운 관심을 받을 정도로 전 세계에서 큰 인기를 끌고 있다.

에어로프레스는 도구를 정렬하는 방향에 따라 정방향과 역방향으로 나뉜다. 정방향은 추출구가 아래로 향해 있어 투과식 추출이 되고, 역방향은 추출구가 위로 향해 있어 침지식 추출이 된다. 두 방식 모두 공기의 압력이 추출의 큰 동인이 된다.

사이즈는 기본과 캠핑용 두 가지로 출시됐다. 용도에 따라 사이즈 차이가 있지만 구성은 같다. 본 장에서는 기본 사이즈의 레시피를 안내한다. 안내하는 레시피에서 원두와 물 양을 줄이면 캠핑용 사이즈에도 활용 가능하다.

에어로프레스는 챔버라고 불리는 본체가 크지 않아 많은 양의 커피를 추출하는 것보다 농도 높은 커피를 추출한 뒤 물로 희석해 음용하는 바이패스Bypass 방법을 권장한다. 필자가 안내하는 에어로프레스의 바이패스 레시피는 HOT과 ICE의 분쇄도가 동일하다. 추출 방식 특성상 분쇄도는 고와야 하므로 제안하는 분쇄는 모든 로스팅 정도에 적용 가능하다. 사용하는 커피의 로스팅 정도에 맞게 추출수의 온도와 도징량을 조절하자.

월드에어로프레스챔피언십 현장

에어로프레스 정방향 추출(왼)과 역방향 추출(오)

침지식 드리퍼의 레시피

{ 에어로프레스 정방향 투과식 추출 레시피 (바이패스) }

구분	분쇄 범위 (코만단테 C60 기준)	온도	총 추출 시간	총 추출 시간 중 프레스 시간
HOT	15~17클릭	90~93°C	1분	20초
ICE				

구분	도징량	물 총량	비율	교반 횟수	바이패스 물 양
HOT	18~20g	120g	1:6.66~6	20회	100~150g
ICE					

관련 영상 보기

{ 에어로프레스 HOT 정방향 투과식 추출 순서 (바이패스) }

1. 설정한 온도에 맞게 물을 끓인다.
2. 설정한 분쇄도로 분쇄를 진행한다.
3. 캡에 필터를 넣고 린싱한다.

    * 린싱 후 캡을 잡고 린싱한 물을 털어준다. 물을 털며 필터가 밀리지 않게 유의한다.

4. 본체인 챔버에 린싱 작업을 마친 캡을 결합한다.
5. 프레스를 해도 파손될 위험이 없는 튼튼한 서버 또는 컵 위에 챔버를 올린다.
6. 챔버 위에 깔대기를 올리고 분쇄 원두를 담는다.
7. 깔대기를 빼고 분쇄 원두의 수평을 맞춘다.
8. 타이머를 켠 뒤 곧장 추출해야 할 물을 한 번에 붓는다.

    * 분쇄 입자가 곱기 때문에 가능한 굵은 물줄기로 확 붓는다.

9. 스패출러를 이용해 위에서 아래, 그리고 왼쪽에서 오른쪽으로 젓기를 5번씩 반복하며 총 20회 교반한다.
10. 교반을 마치는 즉시 프레스 작업을 위해 챔버에 플런저를 끼운다.

    * 프레스 작업을 곧장 하지 않으면 분쇄 커피 사이로 물이 투과되어 버린다.

11. 타이머를 확인하면서 20초간 프레스한다.
12. 취향에 따라 추출된 커피에 100~150g의 물을 넣고 스월링한 후 즐긴다.

3

8

9

11

12

침지식 드리퍼의 레시피

{ 에어로프레스 ICE 정방향 투과식 추출 순서 (바이패스) }

*10번까지는 HOT 레시피와 동일

1. 설정한 온도에 맞게 물을 끓인다.
2. 설정한 분쇄도로 분쇄를 진행한다.
3. 캡에 필터를 넣고 린싱한다.

    * 린싱 후 캡을 잡고 린싱한 물을 털어준다. 물을 털며 필터가 밀리지 않게 유의한다.

4. 본체인 챔버에 린싱 작업을 마친 캡을 결합한다.
5. 프레스를 해도 파손될 위험이 없는 튼튼한 서버 또는 컵 위에 챔버를 올린다.
6. 챔버 위에 깔대기를 올리고 분쇄 원두를 담는다.
7. 깔대기를 빼고 분쇄 원두의 수평을 맞춘다.
8. 타이머를 켠 뒤 곧장 추출해야 할 물을 한 번에 붓는다.

    * 분쇄 입자가 곱기 때문에 가능한 굵은 물줄기로 확 붓는다.

9. 스패출러를 이용해 위에서 아래, 그리고 왼쪽에서 오른쪽으로 젓기를 5번씩 반복하며 총 20회 교반한다.
10. 교반을 마치는 즉시 프레스 작업을 위해 챔버에 플런저를 끼운다.

    * 프레스 작업을 곧장 하지 않으면 분쇄 커피 사이로 물이 투과되어 버린다.

11. 타이머를 확인하면서 20초간 프레스한다.
12. 얼음이 가득 담긴 잔을 준비한다.
13. 추출된 커피를 잔의 벽과 얼음 사이로 따른다.
14. 바 스푼이나 스틱을 이용해 얼음을 최소한으로 녹이며 커피를 차갑게 만든다.
15. 잔을 잡고 있는 손이 충분히 차가움을 느낄 정도로 돌린 후 얼음을 2~3알 더 담는다.
16. 빨대 혹은 입으로 커피를 바로 음용하며 즐긴다.

{ 에어로프레스 역방향 침지식 추출 레시피 (바이패스) }

구분	분쇄 범위 (코만단테 C60 기준)	온도	총 추출 시간 1분 20초	
			침지	프레스
HOT	17~19클릭	90~93°C	1분	20초
ICE				

구분	도징량	물 총량	비율	교반 횟수	바이패스 물 양
HOT	19~21g	120g	1:6.31~5.71	20회	100~150g
ICE					

{ 에어로프레스 HOT 역방향 침지식 추출 순서 (바이패스) }

1. 설정한 온도에 맞게 물을 끓인다.
2. 설정한 분쇄도로 분쇄를 진행한다.
3. 캡에 필터를 넣고 린싱한다.
   * 린싱 후 캡을 잡고 린싱한 물을 털어준다. 물을 털며 필터가 밀리지 않게 유의한다.
4. 플런저의 고무씰을 위로 향하게 하고 그 위에 챔버를 끼운다.
5. 챔버 위에 깔대기를 올리고 분쇄 원두를 담는다.
6. 깔대기를 빼고 분쇄 원두의 수평을 맞춘다.
7. 타이머를 켠 뒤 곧장 추출해야 할 물을 한 번에 붓는다.
   * 분쇄 입자가 곱기 때문에 가능한 굵은 물줄기로 확 붓는다.
8. 물을 부은 직후 스패출러를 이용해 위에서 아래, 그리고 왼쪽에서 오른쪽으로 젓기를 5번씩 반복하며 총 20회 교반한다.
9. 교반 작업 후 1분이 될 때까지 기다린다.
   * 역방향 추출은 침지식이기 때문에 교반 후 침지시키는 과정이 중요하다.
10. 1분이 경과하면 린싱 작업을 마친 캡을 결합한다.
11. 프레스를 해도 파손될 위험이 없는 튼튼한 서버를 결합한 캡 위에 올린다.
12. 최대한 신속하게 에어로 프레스를 정방향으로 바꾼다.
13. 타이머를 확인하면서 20초간 프레스한다.
14. 취향에 따라 추출된 커피에 100~150g의 물을 넣고 스월링한 후 즐긴다.

3

8

9

11

12

{ 에어로프레스 ICE 역방향 침지식 추출 순서 (바이패스) }

*13번까지는 HOT 레시피와 동일

1. 설정한 온도에 맞게 물을 끓인다.
2. 설정한 분쇄도로 분쇄를 진행한다.
3. 캡에 필터를 넣고 린싱한다.
4. 플런저의 고무씰을 위로 향하게 하고 그 위에 챔버를 끼운다.
5. 챔버 위에 깔대기를 올리고 분쇄 원두를 담는다.
6. 깔대기를 빼고 분쇄 원두의 수평을 맞춘다.
7. 타이머를 켠 뒤 곧장 추출해야 할 물을 한 번에 붓는다.
8. 물을 부은 직후 스패출러를 이용해 위에서 아래, 그리고 왼쪽에서 오른쪽으로 젓기를 5번씩 반복하며 총 20회 교반한다.
9. 교반 작업 후 1분이 될 때까지 기다린다.
10. 1분이 경과하면 린싱 작업을 마친 캡을 결합한다.
11. 프레스를 해도 파손될 위험이 없는 튼튼한 서버를 결합한 캡 위에 올린다.
12. 최대한 신속하게 에어로 프레스를 정방향으로 바꾼다.
13. 타이머를 확인하면서 20초간 프레스한다.
14. 얼음이 가득 담긴 잔을 준비한다.
15. 커피를 잔의 벽과 얼음 사이로 따른다.
16. 바 스푼이나 스틱을 이용해 얼음을 최소한으로 녹이며 커피를 차갑게 만든다.
17. 잔을 잡고 있는 손이 충분히 차가움을 느낄 정도로 돌린 후 얼음을 2~3알 더 담는다.
18. 빨대 혹은 입으로 커피를 바로 음용하며 즐긴다.

[하리오 V60 스위치]

하리오 V60 하단에 침지식과 투과식을 전환할 수 있는 스위치가 있다. 스위치를 올리면 안에 있는 구슬이 내려가며 추출구가 닫히고, 스위치를 내리면 구슬이 올라가면서 추출구가 열린다. 이름 그대로 스위치를 결합한 하리오 V60스위치는 추출 과정 중 침지와 투과를 선택적으로 사용할 수 있다. 기본형에는 유리 소재의 V60이 결합되어 있지만, 세계적인 흥행에 힘입어 다른 소재의 V60이 결합된 제품도 출시되고 있다. 사이즈는 03사이즈(360)와 02사이즈(200)가 있는데, 본 책에서는 가장 많이 사용하는 02사이즈(200)를 이용한 레시피를 안내한다.

하리오 V60 스위치의 레시피 설계를 위해서는 다음 질문에 대한 답을 생각해봐야 한다.

"전체 추출에서 어떤 구간에 침지를 활용해야 할까?"

스위치를 이용해 커피를 추출하는 경우의 수는 무수하다. 위 질문에 대한 답은 역시 자신이 추구하는 커피의 방향에 있다. 필자가 추구하는 커피는 단맛을 중심으로 밸런스가 좋은 커피이기 때문에 커피의 산미와 단맛이 가장 많이 추출되는 1, 2차 추출에 침지를 활용한다. 앞서 제안한 하리오 V60의 사용에 알맞게 라이트 로스팅을 기준으로 물 붓기 공식과 레시피를 설계했다. 1, 2차에 침지를 충분히 활용하기 위해 물 붓는 횟수를 5차에서 4차로 조정하고, 2~3차의 추출수 양을 합쳤다.

스위치가 올라간 모습

스위치가 내려간 모습

{ 하리오 V60 스위치 02사이즈 브루잉 레시피 HOT (for 라이트 로스팅) }

가공 방식	분쇄 범위 (코만단테 C60 기준)		온도
	원두 17~18g	원두 14~15g	
워시드	40~42클릭	38~40클릭	93~95°C
내추럴	36~38클릭	34~36클릭	
특수가공	32~34클릭	30~32클릭	

물 붓기 공식	도징량	물 총량	비율	
6-14-5-5	17~18g	300g	1:17.64	1:16.66
5-12-4-4	14~15g	250g	1:17.85	1:16.66

회차	물 붓기 공식		붓는 시간	원두 17~18g		원두 14~15g	
	방법			정량	저울 표시량	정량	저울 표시량
	스위치 올려 추출구 폐쇄						
1차	서클		00:00	60g	60g	50g	50g
2차	서클		00:40	140g	200g	120g	170g
	1분 15초에 스위치를 내려 추출구 개방						
3차	서클or센터		01:20	50g	250g	40g	210g
4차	서클or센터		02:00	50g	300g	40g	250g
	각 40초 간격으로 물 붓기			총 추출 시간 3분~3분 10초			

{ 하리오 V60 스위치 02사이즈 HOT 브루잉 추출 순서 }

1. 설정한 온도에 맞게 물을 끓인다.
2. 필터를 린싱한다.
3. 설정한 분쇄도로 분쇄를 진행한다.
4. 분쇄 원두를 드리퍼에 담고 스위치가 올려져 추출구가 닫혀 있는 상태인지 확인한다.
5. 분쇄 입자의 수평을 맞춘다.
6. 타이머를 누르는 즉시 추출을 시작, 1차부터 2차 추출까지 40초 간격으로 서클 푸어한다.
7. 1분 15초가 경과하면 스위치를 내려 추출구를 개방한다.
8. 1분 20초부터 40초 간격으로 서클 또는 센터 푸어로 3~4차 추출을 진행한다.
    * 차수마다 물이 너무 잘 빠지면 서클 푸어만 한다.
9. 추출한 커피를 즐긴다.

 관련 영상 보기

2

7

8

침지식 드리퍼의 레시피

{ 하리오 V60 스위치 02사이즈 브루잉 레시피 ICE (for 라이트 로스팅) }

가공 방식	분쇄 범위 (코만단테 C60 기준)		온도
	원두 17~18g	원두 14~15g	
워시드	30~32클릭	28~30클릭	93~95°C
내추럴	26~28클릭	24~26클릭	
특수가공	22~24클릭	20~22클릭	

물 붓기 공식	도징량	물 총량	비율	
6-14	17~18g	200g	1:11.76	1:11.11
5-12	14~15g	170g	1:12.14	1:11.33

물 붓기 공식		붓는 시간	원두 17~18g		원두 14~15g	
회차	방법		정량	저울 표시량	정량	저울 표시량
스위치 올려 추출구 폐쇄						
1차	서클	00:00	60g	60g	50g	50g
2차	서클	00:40	140g	200g	120g	170g
2분에 스위치를 내려 추출구 개방						
각 40초 간격으로 물 붓기			총 추출 시간 2분 30초~2분 40초			

{ 하리오 V60 스위치 02사이즈 ICE 브루잉 추출 순서 }

1. 설정한 온도에 맞게 물을 끓인다.

2. 필터를 린싱한다.

3. 설정한 분쇄도로 분쇄를 진행한다.

4. 분쇄 원두를 드리퍼에 담고 스위치가 올려져 추출구가 닫혀 있는 상태인지 확인한다.

5. 분쇄 입자의 수평을 맞춘다.

6. 타이머를 누르는 즉시 1차 추출을 시작한다.

7. 1차부터 2차 추출까지 40초 간격으로 서클 푸어를 진행한다.

8. 2분이 경과하면 스위치를 내려 추출구를 개방한다.

9. 얼음이 가득 담긴 잔을 준비한다.

10. 커피를 잔의 벽과 얼음 사이로 따른다.

11. 바 스푼이나 스틱을 이용해 얼음을 최소한으로 녹이며 커피를 차갑게 만든다.

12. 잔을 잡고 있는 손이 충분히 차가움을 느낄 정도로 돌린 후 얼음을 2~3알 더 담는다.

13. 빨대 혹은 입으로 커피를 바로 음용하며 즐긴다.

침지식 드리퍼의 레시피

나만의 브루잉 레시피 설계

{ 9 }

지금까지 필자가 안내한 브루잉 레시피들을 표로 준비했다. 각자 추구하는 커피에 맞춰 추출의 3도와 시간, 비율을 설정하여 나만의 브루잉 레시피들을 만들어보자.

( ) 드리퍼 레시피 HOT (for 로스팅)

	분쇄도 ( ) 그라인더 기준		온도	
가공 방식	2~4인용	1~2인용	_____ ℃	
물 붓기 공식	사이즈	도징량	물 총량	비율
	2~4인용	_____ g	_____ g	:
	1~2인용	_____ g	_____ g	:

물 붓기 공식			2~4인용		1~2인용	
회차	방법	붓는 시간	정량	저울 표시량	정량	저울 표시량
물 붓기 간격 _____ 초			총 추출 시간 _____			

(   ) 드리퍼 레시피 HOT (for   로스팅)

분쇄도 ( ) 그라인더 기준			온도	
가공 방식	2~4인용	1~2인용	_____ °C	
물 붓기 공식	사이즈	도징량	물 총량	비율
	2~4인용	_____ g	_____ g	: :
	1~2인용	_____ g	_____ g	: :

물 붓기 공식			2~4인용		1~2인용	
회차	방법	붓는 시간	정량	저울 표시량	정량	저울 표시량
물 붓기 간격 _____ 초				총 추출 시간 _____		

나만의 브루잉 레시피 설계

EPILOGUE

책을 집필하기 위한 1년 간의 작업을 마치게 되어 기쁘다. 집필에 1년이 걸렸지만, 돌아보면 집필을 위한 시간은 수년이 필요했다. 이 책 『브루잉 레시피 도감』에는 필자의 지식과 경험이 고스란히 녹아 있다. 또한 브루잉 초심자들이 책을 보며 쉽고 즐겁게 공부할 수 있도록 내용을 엄선하고 다듬었다. 너무 어려운 내용은 꼭 알아야 하는 정도로만 기재했고, 책 제목에 걸맞게 레시피를 이해하는 데 필요한 내용을 중심으로 엮었다. 필자는 이 책이 한 번 읽고 책장에 꽂혀지는 것이 아니라 수시로 꺼내 읽으며 유용하게 활용하는 실용서의 역할을 톡톡히 해내길 바란다.

커피 한잔에는 큰 힘이 있다. 잔에 담긴 이 검은 액체는 정신을 깨우고, 사람을 모이게 하고, 전 세계인을 열광하게 한다. 매년 수많은 커피가 '세계 최고의 커피'라는 타이틀을 두고 경쟁하고 성장한다. 실로 놀랍다. 이런 커피는 누군가에게 '따뜻한 위로'가 된다. 복잡한 세상에서 부드럽고 깊은 향의 커피를 천천히 음미할 때면 마음이 풀어지고 다시 살아갈 힘이 생긴다. 이런 커피를 직접 내리는 과정도 참 즐겁게 느껴진다. 원두를 고르고, 물을 끓이고, 분쇄를 하고…. 커피가 추출되는 일련의 과정에 집중하다 보면 힘든 일을 잠시 잊고 몰입하는 자신을 발견하게 된다.

강연을 다닐 때마다 필자가 늘 강조하는 것이 있다. 이는 독자들이 앞으로 내리게 될 어떤 비싼 커피보다도 중요한 것이며, 도구나 기술보다도 위에 있는 것이다. 그것은 바로 '자기 자신'이다. 기억하자. 이 책을 읽고 있는 자신이 가장 중요하다는 사실을. 책을 통해 배우고 앞으로 내리게 될 모든 커피는 그 누구도 아닌 '자신'을 위한 것이다.

세상에 단 하나뿐인 '자신'을 위한 것.

이 책과 함께 매일 추출하는 커피로 하루를 살아가는 큰 힘을 얻고, 커피를 내리며 가장 중요한 것은 바로 자신이라는 사실을 늘 되새길 수 있길 진심으로 바란다. 자, 이제 나를 위해 따뜻한 커피 한잔을 내려보자.

2024년 7월 8일

김승백

{ 브루잉 레시피 도감 }

쉽게 따라 하는 핸드드립 커피 실용서

2024년 11월 6일 초판 1쇄 발행
2025년 10월 2일 초판 3쇄 발행

지은이 김승백
펴낸이 홍성대
책임편집 홍유정
디자인 석윤이
사진 박예진, 유재학

펴낸곳 아이비라인
출판등록 2001년 12월 27일 제311-2003-00049호
주소 (04321) 서울시 용산구 한강대로 329 예안빌딩 3층
전화 (02) 388-5061 **팩스** (02) 388-9880
홈페이지 www.the-cup.co.kr

ISBN 978-89-93461-71-8 13590

이 책은 저작권법에 따라 보호받는 저작물이므로 무단 전재와 무단 복제를 금합니다.